DEUTSCH ALS FREMDSPRACHE   NIVEAUSTUFE **A1**

Themen 1 aktuell

▶ **Workbook**

Arbeitsbuch Englisch

von

Heiko Bock

Karl-Heinz Eisfeld

Hanni Holthaus

und Uthild Schütze-Nöhmke

bearbeitet von

Sonja Schanz

Wolfgang Winkler

Hueber Verlag

Quellenverzeichnis

Seite 17:   a © SZ Photo/Stephan Rumpf, b © SZ Photo/Teutopress, c © SZ Photo/AP,
                    d © SZ Photo/AP, e © SZ Photo/Dott. Fred, f © SZ Photo/Teutopress

Seite 20 links: Franz Specht, Weßling

Seite 20 rechts, Seite 21, Seite 23 und Seite 60:
                    Hueber Verlag/Gerd Pfeiffer

Seiten 31, 32, 34 (Tableau), 35, 81, 87, 135, 137 und 156:
                    Werner Bönzli, Reichertshausen

Seiten 132 und 133: Ruth Kreuzer, London

Seite 135:   Anahid Bönzli, Tübingen

Seite 153:   The Walt Disney Company, Eschborn

Seite 154:   Michael Luz Illustration, Stuttgart

8.   7.   6.   Die letzten Ziffern
2020   19   18   17   16   bezeichnen Zahl und Jahr des Druckes.
Alle Drucke dieser Auflage können, da unverändert,
nebeneinander benutzt werden.
1. Auflage
© 2003 Hueber Verlag GmbH & Co. KG, 85737 Ismaning, Deutschland
Umschlagfoto: © Rainer Binder, Bavaria Bildagentur, Gauting
Zeichnungen: Hueber Verlag/Martin Guhl
Satz: Memminger MedienCentrum
Herstellung: Doris Hagen, Hueber Verlag, Ismaning
Druck und Bindung: Friedrich Pustet GmbH & Co. KG, Regensburg
Printed in Germany
ISBN 978–3–19–251690–0

Art. 530_10848_001_06

Inhalt

Vocabulary

verbs

arbeiten	*to work*	meinen	*to think, to be of the opinion*
buchstabieren	*to spell*		
fragen	*to ask*	möchten	*would like to*
haben	*to have*	reisen	*to travel*
heißen	*to be called*	schreiben	*to write*
hören	*to hear, to listen (to)*	sein	*to be*
kommen	*to come*	spielen	*to play*
leben	*to live*	sprechen	*to talk, to speak*
lernen	*to learn,* here: *to be an apprentice*	studieren	*to do a degree in*
		warten	*to wait*
lesen	*to read*	werden	*to become*
machen	*to do*	wohnen	*to live, to reside*

nouns

Alter	*age*	Mechaniker	*mechanic*
Ausländerin (female), Ausländer (male)	*foreigner*	Monat, Monate	*month*
		Name	*name*
Beruf	*occupation*	Ort	*place*
Deutschland	*Germany*	Österreich	*Austria*
Eltern	*parents*	Postkarte, Postkarten	*postcard*
Familienname	*surname*	Postleitzahl, Postleitzahlen	*postcode, zipcode*
Familienstand	*marital status*		
Fotograf	*photographer*	Reiseleiterin (female), Reiseleiter (male)	*courier*
Frau	*Mrs*		
Herr	*Mr*	Schülerin (female), Schüler (male)	*(school) student, pupil*
Geburtstag	*birthday*		
Hausfrau	*housewife*	Schweiz	*Switzerland*
Hobby, Hobbys	*hobby*	Seite	*page*
Jahre	*years*	Sekretärin	*female secretary*
Kauffrau (female), Kaufmann (male)	*person with qualifications in business and commerce*	Straße	*street*
		Studentin (female), Student (male)	*university student*
		Tag, Tage	*day*
Kind, Kinder	*child, children*	Telefon	*telephone*
Kurs	*course,* here: *class*	Telefonnummer	*telephone number*
Land	*country*	Vorname	*first name*
Leute	*people*	Wohnort	*place of residence*
Lösung	*solution,* here: *key*	Zahl, Zahlen	*number*

adjectives

alt	old	klein	small
berufstätig	working, employed	ledig	single
geschieden	divorced	neu	new
gut	good	verheiratet	married

adverbs

bitte	please	leider	unfortunately
da	there	nicht	not
erst	only, no more than	noch	still
etwa	approximately	noch einmal	once again
hier	here	schon	already
jetzt	now	übrigens	by the way

function words

aber	but	mit	with
aus	from	nein	no
bei	here: near	und	and
das	that	von	of
dein	your (informal, singular)	was?	what?
		wer?	who?
denn	here: because	wie?	how?
in	in	wie viel?	how much?
ja	yes	wo?	where?
man	one	woher?	where ... from?
mein	my	wohin?	where ... to?

expressions

Ach so!	Oh, I see	Wie geht es Ihnen (formal) / dir? (informal)	How are you?
Ach was!	It doesn't matter		
Bitte schön!	You are welcome!		
Danke!	Thank you	Wie heißen Sie? (formal)	What's your name?
Danke, es geht.	Not too bad.		
Danke, gut.	Thanks, fine.	Wie heißt du? (informal)	What's your name?
Danke schön!	Thank you very much		
Entschuldigung!	Sorry!	Wie ist Ihre (formal) / deine (informal) Adresse?	What's your address?
Es geht!	So-so, not bad		
Guten Abend!	Good evening		
Guten Morgen!	Good morning	Wie ist Ihr Name? (formal) / Wie ist dein Name? (informal)	What's your name?
Guten Tag!	Hello (greeting)		
Hallo!	Hello	Wie ist Ihre (formal) / deine Telefonnummer? (informal)	What's your telephone number?
Ist hier noch frei?	Is this seat taken?		
Macht nichts.	Doesn't matter.		
Wie bitte?	Pardon?	zurzeit	at the moment

Grammar

1. Verbs and personal pronouns (§ 22, § 24 p. 138)

1.1. Personal pronouns

ex.
16

ich	I	wir	we
du	you (informal, singular)	ihr	you (informal, plural)
Sie	you (formal, singular)	Sie	you (formal, plural)
er, sie, es	he, she, it	sie	they

Remember: You can distinguish between *sie* meaning *she* and *sie* meaning *they* by the verb ending.
Sie (spelled with a capital ‚s‘) is always the formal *you*.

ex.
5
8

1.2. The personal pronoun *you*
German has three pronouns for the one English pronoun *you*. This can be tricky.
a) **du:** use *du* when speaking to a person whom you address by first name. Children, teenagers and students automatically use *du* to each other. *Du* is always used when speaking to relatives.
b) **ihr:** use *ihr* when speaking to any two or more people to whom you would say *du*; *ihr* is simply the plural of *du*.
c) **Sie:** use *Sie* when speaking to any person or people with whom you are not on first name terms. This means that you use *Sie* when speaking to adult strangers and other adults in positions of authority. These are all people whom you address as *Herr* or *Frau*. It is considered impolite to use *du* when speaking to somebody you do not know or do not know well. If in doubt use *Sie* and wait for the other person to offer you the *du*.

ex.
1
3
4
19
20
30
31
33

1.3. Verb conjugation
Verbs as they appear in the dictionary are in the infinitive form ending in -en or -n. Removing this -en or -n reveals the stem of the verb. To form the present tense the following endings are added to this stem, depending on the subject of the sentence, which is either a noun or a (personal) pronoun.

infinitive	*present tense stem*	*ending*
wohnen	wohn-	ich wohne

	wohnen	arbeiten	heißen	haben	sein
ich	wohn**e**	arbeit**e**	heiß**e**	habe	bin
du	wohn**st**	arbeit**est**	heiß**t**	hast	bist
er, sie, es	wohn**t**	arbeit**et**	heiß**t**	hat	ist
wir	wohn**en**	arbeit**en**	heiß**en**	haben	sind
ihr	wohn**t**	arbeit**et**	heiß**t**	habt	seid
sie, Sie	wohn**en**	arbeit**en**	heiß**en**	haben	sind

As you can see, the pattern of verb endings is quite regular. Most verbs are conjugated like *wohnen*. Some verbs, however, differ slightly, e.g. *arbeiten* and *heißen*.

Remember:
– verbs with a stem ending in -t or -d are conjugated like *arbeiten*.
– verbs with a stem ending in -s, -ß, -x or -z are conjugated like *heißen*.

The verbs *haben* and *sein* are irregular. Learn them well as they are used very frequently.

Remember: German has only one form of the present tense: *he works, he does work* and *he is working*, all translate as *er arbeitet*.

2. The demonstrative pronoun *das*

Das is used in the following questions and answers:

Was ist das?	Das ist meine Telefonnummer.
Wer ist das?	Das ist Paul.
Wer ist das?	Das sind Kinder aus Leipzig.
or:	
Ist das Herr Müller?	Ja, das ist er.
Sind Sie Frau Müller?	Ja, das bin ich.
Sind Sie Herr und Frau Müller?	Ja, das sind wir.

In statements *das* is used before the conjugated form of ‚sein' irrespective of the gender and number of the person or thing indicated. In questions it comes after the third person singular of ‚sein'.

3. Interrogatives

ex.
16 In this chapter the following interrogatives are introduced: *wer?, was?, wie?, wo?, wohin?, woher?*

3.1. With *wer?* you ask for people irrespective of number and gender. It corresponds to the English *who? Wer?* always takes the third person singular.

Wer wohnt in Fulda?	Who lives in Fulda?
Wer ist verheiratet?	Who is married?
Wer hat ein Klavier?	Who has a piano?

3.2. With *was?* you ask for things and facts. It corresponds to the English *what?*

Was passt zusammen?	What goes together?
Was meinen Sie?	What do you think?
Was studiert Monika?	What is Monika studying?

ex.
10
26
27

3.3. With *wie?* you ask for the characteristics of a thing, a fact or a person. It corresponds to the English *how?*

Wie geht es Ihnen?   How are you?

It is frequently used in conjunction with adjectives.

Wie alt sind Sie?   How old are you?

Wie is also used when asking for names, addresses and telephone numbers.

Wie heißen Sie/wie ist Ihr Name?   What is your name?
Wie ist Ihre Telefonnummer?   What is your telephone number?
Wie ist Ihre Adresse?   What is your address?

Remember: *Wie?* here corresponds to the English *what?*

3.4. *Wo?, wohin?, woher?*

Compare the three questions and answers.

- Wo wohnst du?   Wohin möchtest du?   Woher kommst du?
  Where do you live?   Where would you like to go (to)?   Where do you come from?

- In Deutschland.   Nach England.   Aus Wales.
  In London.   Nach Stuttgart.   Aus Edinburgh.

Wo? and *wohin?* both translate into English as *where?*. However, *wo?* asks for the location where something takes place whereas *wohin?* asks for the direction in which a person or a thing moves. *Woher?* is used if you ask for the origin of a person or a thing.

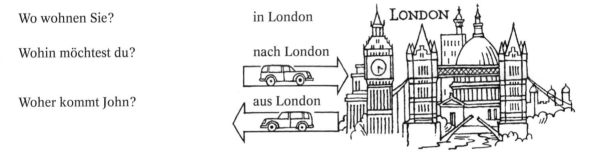

Wo wohnen Sie?   in London

Wohin möchtest du?   nach London

Woher kommt John?   aus London

3.5. Exercise:

Write questions to fit the following answers:

Q: _____ A: Sie kommen aus Österreich.
Q: _____ A: Ich möchte nach München.
Q: _____ A: Ich wohne in Erfurt.
Q: _____ A: Ich bin aus Manchester.
Q: _____ A: Er arbeitet in Manchester.
Q: _____ A: Nach Stuttgart.

4. The prepositions *in, bei, nach, aus* (§ 10 p. 132)

in, bei: used when answering a question beginning with *wo?*. They express where something or somebody is or where something takes place.

- Wo studierst du?   ■ In Wien.
  Where are you studying?   In Vienna.

- Wo liegt Bruck?   ■ Bei Wien.
  Where is Bruck?   Near Vienna.

nach: used when answering a question beginning with *wohin?*. It expresses a movement or a direction. **Remember:** *nach* is used before names of towns, countries and continents without the definite article.

● Wohin möchtet ihr?
   Where would you like to go?

■ Nach München.
   To Munich.

aus: used when answering a question with *woher?*. It expresses where a person or a thing originates from.

● Woher kommt ihr?
   Where do you come from?

■ Aus Rostock.
   From Rostock.

5. Word order (§ 31 p. 140, § 32, § 33 p. 141)

ex.
6
27

	Vorfeld preverbal position	Verb verb	Subjekt subject	Ergänzung complement
Aussagesatz affirmative	Das Sie Jetzt	ist kommt wohnt	 sie	Angelika Wiechert. aus Dortmund. in Hamburg.
Wortfrage w-question	Wer Wie Woher	ist ist kommen	 Ihr Vorname? Sven und Olaf?	das?
Satzfrage yes/no-question		Ist Hat Kommt	das er Julia	die Reiseleiterin? Kinder? aus Leipzig?

The verb plays <u>a central role</u> in the German sentence construction: it is always in the second position in statements and in w-questions. It denotes an activity (e.g. arbeiten, studieren) but can also describe a static situation (e.g. to be, to have, to sit, to stand).

The preverbal position can be taken by any part of the sentence <u>but</u> the verb. It is often taken by the subject, otherwise by any other part of the sentence you want to give particular emphasis to.

The subject is the person, thing or fact which either carries out the action of the verb or whose condition or state is described by the verb.

The complement usually contains the new information and is determined by the verb. *Heißen* e. g. requires a name, *kommen* and *wohnen* require a place.

Das ist ... (wer?)   Sie kommt ... (woher?)   Jetzt lebt sie ... (wo?)
Das ist <u>Angelika</u>.   Sie kommt <u>aus Dortmund</u>.   Jetzt lebt sie <u>in Hamburg</u>.
       ↓   ↓   ↓
   Ergänzung   Ergänzung   Ergänzung

The word order in German is much more flexible than in English.

In **statements** the subject is either in the preverbal position (as in English) or if that has been taken by any other part of the sentence, in the subject position (= immediately after the verb). This position of verb and subject is a constant problem for speakers of English.
In **w-questions** the interrogative pronoun always occupies the preverbal position. The subject then comes after the verb.
In **yes/no-questions** the preverbal position remains empty. The sentence starts with the verb which is followed by the subject.

6. Erst, schon

ex.
25
29

Compare the meaning of the following sentences:

Ich arbeite **erst** drei Monate hier.	I have <u>only</u> worked here for three months (<u>not longer</u>).
Ich arbeite **schon** drei Monate hier.	I have worked here for three months (<u>already</u>).
Er kommt **erst** morgen.	He is <u>not</u> coming <u>until</u> tomorrow.
Er kommt **schon** morgen.	He will <u>already</u> arrive tomorrow.
Er ist **erst** vier Jahre alt.	He is <u>only</u> four years old (<u>not more</u>).
Er ist **schon** vier Jahre alt.	He is <u>already</u> four years old.

With *erst* you express a subjective impression that a period of time is short or a point in time is late.
With *schon*, however, a period of time is long or a point in time is early.
Luisa spricht **schon** gut Deutsch.
With *schon* + adjective you can express your surprise at someone achieving something before you expected it.

7. Particles: aber, denn

aber – expression of surprise
Sie sprechen aber gut Deutsch.   You do speak German well.
denn – inserted in a question, it implies a lively interest on the part of the questioner or makes the question less abrupt.
Wo liegt das denn?   Whereabouts is that?

8. Capitalization

In German the following are capitalized
a) all nouns
b) all proper nouns (names)
c) all pronouns and possessive adjectives used in formal address (Sie, Ihnen, Ihr ...)
The word *ich* (I) is not capitalized unless it comes at the beginning of a sentence.

Nach Übung

2

im Kursbuch

1. Ergänzen Sie.

bin / heiße	Sind	~~heißen~~	bin	heißt	sind	ist	bin	bist	~~heiße~~	ist

a) ● Wie *heißen* _____ Sie?
   ■ Ich *heiße* _____ Paul Röder.

b) ● Wie _____ du?
   ■ Mein Name _____ Sabine.

c) ● Wer _____ Herr Lüders?
   ■ Das _____ ich.

d) ● _____ Sie Frau Sauer?
   ■ Ja, das _____ ich.

e) ● Wer _____ du?
   ■ Ich _____ Christoph.

f) ● Wer _____ Sie?
   ■ Ich heiße Paul Lüders.

Nach Übung

2

im Kursbuch

2. Was passt?

Das bin ich.	Nein, mein Name ist Beier.

Nein, ich heiße Beier.

Mein Name ist Koch. ~~Guten Tag! Ich heiße Sauer.~~ Ich heiße Paul.

~~Guten Tag! Mein Name ist Sauer.~~ Mein Name ist Paul. Ich heiße Koch.

a) ● Guten Tag! Ich heiße Beier.
   ■ *Guten Tag! Mein Name ist Sauer.*
      Guten Tag! Ich heiße Sauer.

b) ● Wer ist Herr Lüders?
   ■ _____

c) ● Wie heißen Sie?
   ■ _____

d) ● Sind Sie Frau Röder?
   ■ _____

e) ● Wie heißt du?
   ■ _____

3. Ergänzen Sie.

Nach Übung

2

im Kursbuch

ist	*sind*	bin	bist	-e	-en	-t

a) ● Wer *ist* Frau Beier?
   ■ Das _____ ich.
   Und wer _____ Sie?
   ● Mein Name _____ Sauer.

b) ● Wie heiß_____ du?
   ■ Ich heiß_____ Sabine. Und du?
   ● Mein Name _____ Ingrid.

c) ● Wie heiß_____ Sie?
   ■ Ich heiß_____ Röder. Und Sie?
   ● Mein Name _____ Werfel.

d) ● Ich heiß_____ Christoph.
   Und wer _____ du?
   ■ Mein Name _____ Ingrid.

4. Ihre Grammatik. Ergänzen Sie.

Nach Übung

2

im Kursbuch

	ich	du	Sie	mein Name / wer?
sein	*bin*			
heißen				

5. Was passt zusammen?

Nach Übung

3

im Kursbuch

a) ● Guten Abend, Herr Farahani.
   ■ Guten Abend, Herr Kaufmann.

b) ● Auf Wiedersehen!
   ■ Auf Wiedersehen!

c) ● Guten Morgen.
   ■ Guten Morgen, Frau Beier.
   Wie geht es Ihnen?
   ● Danke, es geht.

d) ● Hallo Christoph!
   ■ Hallo Ingrid! Wie geht es dir?
   ● Danke, gut. Und dir?
   ■ Auch gut, danke.

e) ● Guten Tag, Frau Sauer.
   ■ Guten Tag, Frau Lüders.
   Wie geht es Ihnen?
   ● Danke, gut. Und Ihnen?
   ■ Danke, auch gut!

	Dialog
A	
B	
C	
D	
E	

Nach Übung

3

im Kursbuch

6. Schreiben Sie Dialoge.

a) heißen – wie – Sie: ● _Wie heißen Sie?_ _____
   ist – Name – Müller – mein: ■ _____

b) ist – wer – Frau Beier: ● _____
   ich – das – bin: ■ _____

c) Herr Lüders – Sie – sind: ● _____
   ich – nein – heiße – Röder: ■ _____

d) du – heißt – wie: ● _____
   heiße – Ingrid – ich: ■ _____

e) Ihnen – es – wie – geht: ● _____
   geht – es: ■ _____

f) geht – wie – dir – es: ● _____
   gut – danke: ■ _____
   dir – und: ● _____
   auch – danke – gut: ■ _____

Nach Übung

5

im Kursbuch

7. Ergänzen Sie.

a) Name : heißen / Wohnort : _wohnen_ _____
b) Sie : Ihr Name / du : _____
c) du : Wie geht es dir? / Sie : _____
d) heißen : wie? / wohnen : _____
e) Sabine Sauer : Frau Sauer / Abdollah Farahani : _____
f) Abdollah : Vorname / Farahani : _____
g) du : deine Telefonnummer / Sie : _____
h) bitte : Bitte schön! / danke : _____

Nach Übung

5

im Kursbuch

8. „Du" oder „Sie"? Wie heißen die Fragen?

a) ● _Wie_ _____   ■ Sauer.
   ● _____   ■ Sabine.
   ● _____   ■ In Gera.
   ● _____   ■ Ulmenweg 3,
                      07548 Gera
   ● _____   ■ 56 82 39

b) ● _Wie_ _____   ■ Christian.
   ● _____   ■ Krüger.
   ● _____   ■ In Hof.
   ● _____   ■ Kirchweg 3,
                      95028 Hof
   ● _____   ■ 42 75

9. Wie heißt das?

Nach Übung

5

im Kursbuch

```
Kurs Deutsch G1

1. Pathak    ①
   Raman     ②
   Ahornstraße 2    ③ }⑤
   99084 Erfurt     ④
   3 89 45 27    ⑥

2. Hernández
   Alfredo
```

① _Familienname_ _____

② _____

③ _____

④ _____

⑤ _____

⑥ _____

10. „Wer", „wie", „wo"? Ergänzen Sie.

Nach Übung

5

im Kursbuch

a) ● _____ heißt du?
   ■ Christoph.

b) ● _____ wohnen Sie, bitte?
   ■ In Erfurt.

c) ● _____ ist Ihre Adresse?
   ■ Ahornstraße 2, 99084 Erfurt.

d) ● _____ geht es dir?
   ■ Danke gut.

e) ● _____ ist dein Name?
   ■ Ingrid.

f) ● _____ ist Frau Röder?
   ■ Das bin ich.

g) ● _____ ist Ihre Nummer?
   ■ 62 15 35.

h) ● _____ wohnt in Erfurt?
   ■ Herr Pathak.

11. „Wie teuer?" Schreiben Sie.

Nach Übung

6

im Kursbuch

€ 76,-   _sechsundsiebzig Euro_ _____

a) _____ (€ 47,-)

b) _____ (€ 88,-)

c) _____ (€ 31,-)

d) _____ (€ 19,-)

e) _____ (€ 33,-)

f) _____ (€ 52,-)

g) _____ (€ 13,-)

h) _____ (€ 21,-)

i) _____ (€ 55,-)

j) _____ (€ 93,-)

k) _____ (€ 24,-)

l) _____ (€ 66,-)

m) _____ (€ 19,-)

n) _____ (€ 95,-)

Nach Übung
6
im Kursbuch

12. Lesen Sie die Nummernschilder.

Ha De eL eF dreiundsechzig

HD-LF 63

a) WES - KN 52   e) SHG - IC 71   i) AUR - VY 69

b) CLP - JY 34   f) TBB - KM 83   j) LÖ - KG 12

c) ZW - AS 27   g) BOR - QU 95   k) FFB - OT 8

d) FÜ - XT 48   h) MTK - KR 17   l) ROW - SY 19

Nach Übung
9
im Kursbuch

13. Wer hat die Telefonnummer …?

Kersch Walter 6 36 66	**Kerstan Margarete** 8 63 01	**Kerstiens Christa** 7 44 09
Leuchtenburger - 68	Heinrich-Sandstede- - 7	Lasius- 8
Kersen Detlef van 5 84 06	**Kerstelge H.-Robert Dr.** 4 55 22	**Kersting Egon** Hirsch- 3 50 82 71
Ulrich-von-Hutten- - 2	Bakenhusweg 20	**Kerting Ingolf** Eichen- 9b 59 17 31
Kerski Klaus u. Hetty 6 75 25	**Kersten Andreas** 4 15 38	**Kertscher Klaus u. Elke** 20 39 94
Johann-Justus-Weg 141 a	**u. Jürgen** Meerweg 57	Dießel- 7

Wer hat die Telefonnummer …

a) vier fünfzehn achtunddreißig?
b) sechs sechsunddreißig sechsundsechzig?
c) fünfzig zweiundachtzig einundsiebzig?
d) neunundfünfzig siebzehn einunddreißig?
e) fünf vierundachtzig null sechs?
f) vier fünfundfünfzig zweiundzwanzig?
g) sechs fünfundsiebzig fünfundzwanzig?

_____
_____
_____
_____
_____
_____
_____

Nach Übung
9
im Kursbuch

14. Bilden Sie Sätze.

a) Sätze bilden   _Bitte bilden Sie Sätze!_ _____
b) langsam buchstabieren   _Bitte_ _____
c) Dialoge spielen   _____
d) lesen   _____
e) noch einmal hören   _____
f) ergänzen   _____
g) Dialoge schreiben   _____

Nach Übung
9
im Kursbuch

15. Schreiben Sie ein Telefongespräch.

Oh, Entschuldigung.
Hallo? Wer ist da, bitte?
Lehmann? Ist da nicht 77 65 43? ~~Lehmann.~~
Lehmann. Nein, meine Nummer ist 77 35 43.
Bitte, bitte. Macht nichts.

● _Lehmann._ _____
■ _____
● _____
■ _____
● _____
■ _____
● _____

16. Wer ist das? Schreiben Sie.

Nach Übung
12
im Kursbuch

a) Klaus-Maria Brandauer, Wien

b) Veronica Ferres, München

c) Doris Schröder-Köpf und Gerhard Schröder, Hannover

d) Kurt Masur, Leipzig

e) Christa Wolf, Berlin

f) Maximilian Schell, Graz

a) *Das ist Klaus-Maria Brandauer. Er wohnt in* _____

b) _____

c) _____

d) _____

e) _____

f) _____

17. Schreiben Sie Dialoge.

Nach Übung
13
im Kursbuch

a) ● Varga   ■ Tendera
   ● Woher sein?   ■ Italien
                Und Sie?
   ● Ungarn

● *Guten Tag! Mein Name ist Varga.*
■ *Und ich heiße Tendera.*
● *Woher* _____
■ *Ich bin* _____ *Und sie?*
● *Ich bin* _____

Ebenso:

b) ● Farahani   ■ Biro

   ● Woher   ■ Frankreich.
     kommen?   Und Sie?
   ● Iran

c) ● Sabine   ■ João

   ● Woher sein? ■ Brasilien
                   Und du?
   ● Österreich

Nach Übung

16

im Kursbuch

18. Ergänzen Sie.

leben	kommen	arbeiten	heißen	sein	sprechen	studieren
wohnen	spielen	sein	sein	lernen	lernen	studieren

a) aus Brasilien
   aus Italien
   aus Ungarn

   _____
   _____

e) Klavier
   Tennis
   Dialoge

   _____

b) Lehrer
   Ärztin
   Knut Evers

   _____

f) Deutsch
   Englisch
   Spanisch

   _____
   _____

c) in Berlin
   in Prag
   in Leipzig

   _____
   _____
   _____
   _____
   _____

g) Bankkaufmann
   Grammatik
   Englisch

   _____

d) Medizin
   Elektrotechnik
   Englisch

   _____

h) Wiechert
   Matter
   Heinemann

   _____

Nach Übung

17

im Kursbuch

19. Ergänzen Sie.

a) ● Wer _____ das?
   ■ Sie heiß_____ Sauer.
   ● Und wie _____ ihr Vorname?
   ■ Sabine.
   ● Wo wohn_____ sie?
   ■ In Köln.
   ● Studier_____ sie?
   ■ Nein, sie _____ Reiseleiterin.
   ● Was _____ ihr Hobby?
   ■ Sie spiel_____ gern Tennis.

b) ● Wer _____ das?
   ■ Das _____ João und Luiza.
   ● Komm_____ sie aus Spanien?
   ■ Nein, sie _____ aus Portugal.
   ● Wo wohn_____ sie?
   ■ In Bochum.

c) ● Wer _____ das?
   ■ Das _____ Imre.
   ● _____ das sein Familienname?
   ■ Nein, er heiß_____ Imre Varga.
   ● Arbeit_____ er?
   ■ Nein, er lern_____ hier Deutsch.
   ● Was _____ sein Hobby?
   ■ Er reis_____ gern.

d) ● Wer _____ Sie?
   ■ Ich heiß_____ Christoph Biro.
   ● Komm_____ Sie aus Frankreich?
   ■ Ja, aber ich arbei_____ in Freiburg.
   ● Was _____ Ihr Beruf?
   ■ Ich _____ Lehrer.

20. Ihre Grammatik. Ergänzen Sie.

Nach Übung
17
im Kursbuch

	sie (Sabine)	er (Imre)	sie (João und Luiza)	Sie
sein	*ist*		*sind*	
heißen				
kommen				
wohnen				

21. Ergänzen Sie.

Nach Übung
17
im Kursbuch

a)   wohnen : wo / kommen : *woher*_____
b)   Hoppe : Name / Automechaniker : _____
c)   er : Junge / sie : _____
d)   Schüler : lernen / Student : _____
e)   Hamburg : Wohnort / Österreich : _____
f)   sie : Frau Röder / er : _____
g)   Klavier : spielen / Postkarte : _____
h)   wohnen : in / kommen : _____
i)   Ingenieur : Beruf / Tennis : _____
j)   30 Jahre : Mann, Frau / 5 Jahre : _____
k)   Gespräch : hören / Postkarte : _____

22. Welche Antwort passt?

Nach Übung
17
im Kursbuch

a)   Heißt er Matter?
  A   Nein, Matter.
  B   Nein, er heißt Baumer.
  C   Ja, er heißt Baumer.

b)   Wo wohnen Sie?
  A   Sie wohnt in Leipzig.
  B   Ich wohne in Leipzig.
  C   Sie wohnen in Leipzig.

c)   Wie heißen sie?
  A   Sie heißt Katja Heinemann.
  B   Ja, sie heißen Katja und Klaus.
  C   Sie heißen Katja und Klaus.

d)   Wie heißen Sie?
  A   Ich heiße Röder.
  B   Sie heißen Röder.
  C   Sie heißt Röder.

e)   Wo wohnt sie?
  A   Sie ist Hausfrau.
  B   Ich wohne in Stuttgart.
  C   Sie wohnt in Dortmund.

f)   Wer sind Sie?
  A   Mein Name ist Matter.
  B   Ich bin aus der Schweiz.
  C   Ich bin Landwirt.

g)   Ist das Frau Sauer?
  A   Ja, das ist er.
  B   Ja, das sind sie.
  C   Ja, das ist sie.

h)   Wie ist Ihr Name?
  A   Ich heiße Farahani.
  B   Ich bin das.
  C   Ich bin Student.

23. Lesen Sie im Kursbuch Seite 14/15.

a) Ergänzen Sie.

	Frau Wiechert	Herr Matter	Herr Baumer	Und Sie?
Vorname / Alter	Angelika			
Wohnort				
Beruf				
Familienstand				
Kinder				
Hobby				

b) Schreiben Sie.   Das ist Angelika Wiechert. Sie ist ...
Frau Wiechert ist ...   Sie ist ...   und hat ...
Ihre Hobbys sind ...
Das ist Gottfried ...

24. Lesen Sie die Texte S. 15/16 im Kursbuch. Schreiben Sie dann.

a)   Ich heiße Klaus-Otto Baumer und ...

b)   Ich heiße Ewald Hoppe und ...

25. „Erst" oder „schon"?

a) Anton Becker ist _____ 58 Jahre alt, Margot Schulz _____ 28.
b) Jochen Pelz arbeitet _____ drei Monate bei Müller & Co, Anton Becker
_____ fünf Jahre.
c) Monika Sager wohnt _____ sechs Monate in Berlin, Manfred Bode _____
fünf Jahre.
d) ● Wartest du hier _____ lange?   ■ Ja, _____ eine Stunde.
e) Ewald ist _____ 36 Jahre verheiratet, Angelika _____ fünf Jahre.
f) Dagmar lernt _____ fünf Monate Englisch, Heiner _____ zwei Jahre.
g) ● Sind Sie _____ lange hier?   ■ Nein, _____ zwei Monate.

26. Fragen Sie.

Nach Übung
18
im Kursbuch

a) ● Das ist Frau Lillerud.　　■ *Wie bitte? Wer ist das?* _____
b) ● Ihr Vorname ist Ingrid.　　■ *Wie bitte? Wie ist* _____
c) ● Sie kommt aus Norwegen.　■ *Wie bitte? Woher* _____
d) ● Sie wohnt in München.　　■ *Wie bitte?* _____
e) ● Sie studiert Medizin.　　　■ *Wie* _____
f) ● Ihr Hobby ist Reisen.　　　■ _____

27. Fragen Sie.

Nach Übung
18
im Kursbuch

a) ● _____　■ Nein, er ist Programmierer.
b) ● _____　■ Ja, ihr Name ist Heinemann.
c) ● _____　■ Nein, er kommt aus Neuseeland.
d) ● _____　■ Ja, er arbeitet erst drei Tage hier.
e) ● _____　■ Ja, ich bin Frau Röder.
f) ● _____　■ Ja bitte, hier ist noch frei.
g) ● _____　■ Ja, er reist gern.
h) ● _____　■ Nein, sie studiert Medizin.
i) ● _____　■ Ja, er ist verheiratet.
j) ● _____　■ Er kommt aus Neuseeland.
k) ● _____　■ Sie studiert Medizin.
l) ● _____　■ Ja, ich surfe gern.
m) ● _____　■ Nein, sie ist Telefonistin.
n) ● _____　■ Ja, hier ist frei.
o) ● _____　■ Mein Vorname ist Abdollah.
p) ● _____　■ Abdollah wohnt in Erfurt.
q) ● _____　■ Nein, er heißt João.
r) ● _____　■ Das ist Frau Sauer.

28. Schreiben Sie einen Dialog.

Nach Übung
18
im Kursbuch

Ja, bitte schön. – Sind Sie neu hier?

Und was machen Sie hier?

　　　　　　　　Nein, aus Neuseeland.

Ich bin Programmierer.

~~Guten Morgen, ist hier noch frei?~~

Ich heiße John Roberts.　Sind Sie aus England?

　　　　Ja, ich arbeite erst drei Tage hier.

● *Guten Morgen, ist hier noch frei?* _____
■ *Ja, . . .* _____
● _____
■ ...

29. „Noch" oder „schon"?

a) Ihre Kinder sind _____ klein, sie sind erst drei und fünf Jahre alt.
b) ● Ist hier _____ frei?   ■ Ja, bitte.
c) ● Arbeiten Sie hier _____ lange?   ■ Nein, erst fünf Tage.
d) Monika Sager studiert _____, Manfred Bode ist _____ Lehrer.
e) Zwei Kinder sind _____ Schüler, ein Junge studiert _____ .
f) Angelika Wiechert ist _____ verheiratet, Klaus Henkel ist _____ ledig.
g) ● Wo ist Frau Beier? Kommt sie _____?   ■ Sie ist _____ da.
h) ● Wohnen Sie _____ in Hamburg?   ■ Nein, ich lebe jetzt in Dortmund.

30. Ergänzen Sie.

a) ● Hallo, ha_____ du Feuer?
   ■ Ja, hier.
   ● Wohin möcht_____ du?
   ■ Nach Hamburg.
   ● Wart_____ du schon lange?
   ■ Es geht.
   ● Woher _____ du?
   ■ Ich komm_____ aus Polen.
      Und woher komm_____ du?
   ● Ich _____ aus Österreich.
   ■ Was mach_____ du in Deutschland?
      Arbeit_____ du hier?
   ● Nein, ich studier_____ in Bonn

b) ● Hallo, hab_____ ihr Feuer?
   ■ Nein.
   ● Wohin möcht_____ ihr?
   ■ Nach München.
   ● Wart_____ ihr schon lange?
   ■ Es geht.
   ● Woher _____ ihr?
   ■ Wir komm_____ aus Wien.
   ● _____ ihr Österreicher?
   ■ Nein, wir _____ Deutsche.
   ● Und was mach_____ ihr in Wien?
      Arbeit_____ ihr da?
   ■ Nein, wir studier_____ da.

31. Ihre Grammatik. Ergänzen Sie.

	ich	du	wir	ihr
studieren	studiere			
arbeiten				
sein				
heißen				

32. „Danke" oder „bitte"?

a) ● Wie geht es Ihnen?
   ■ _____ , gut.

b) ● Oh, Entschuldigung!
   ■ _____ schön.

c) ● Ist hier noch frei?
   ■ Ja, _____ .
   ● _____ !

d) ● Wie ist Ihr Name?
  ■ Farahani.
  ● _____ buchstabieren Sie!
  ■ F a r a h a n i .
  ● _____ schön!
  ■ _____ !

e) ● Ich heiße Sauer.
  ■ Wie _____ ?
  Wie heißen Sie?

f) ● Hast du Feuer?
  ■ Ja, hier, _____ .
  ● _____ !

33. Welche Antwort passt?

Nach Übung
20
im Kursbuch

a) Sind Sie neu hier?
  A Nein, ich bin neu hier.
  B Ja, ich bin schon zwei Monate hier.
  C Nein, ich bin schon vier Jahre hier.

b) Was sind Sie von Beruf?
  A Sie ist Telefonistin.
  B Ich bin erst drei Tage hier.
  C Ich bin Programmierer.

c) Was macht Frau Kurz?
  A Sie ist Sekretärin.
  B Er ist Ingenieur.
  C Sie arbeitet hier schon fünf Jahre.

d) Arbeitet Herr Pelz hier?
  A Nein, er ist Schlosser.
  B Ja, schon drei Jahre.
  C Nein, erst vier Monate.

e) Ist hier noch frei?
  A Ja, danke.
  B Nein, leider nicht.
  C Nein, danke.

f) Sind Sie Ingenieur?
  A Nein, Mechaniker.
  B Nein, danke.
  C Ja, bitte.

g) Habt ihr Feuer?
  A Ja, sehr gut.
  B Nein, es geht.
  C Ja, hier, bitte.

h) Wartet ihr schon lange?
  A Ja, erst zwei Tage.
  B Ja, schon zwei Tage.
  C Ja, wir warten.

i) Wo liegt Potsdam?
  A Bei Berlin.
  B Aus Berlin.
  C Nach Berlin.

j) Wohin möchtet ihr?
  A Aus Rostock.
  B In Rostock.
  C Nach Rostock.

k) Woher kommt ihr?
  A In Wien.
  B Aus Wien.
  C Nach Wien.

34. Schreiben Sie einen Dialog.

Nach Übung
20
im Kursbuch

Wir sind aus Berlin. Und woher kommst du?

Bei Hamburg. Wohin möchtet ihr?

~~Hallo! Habt ihr Feuer?~~ Wo ist das denn?

Danke! Wartet ihr schon lange?

Woher seid ihr?
  Ich? Aus Stade.
    Ja, hier, bitte!

Ja.
  Nach Wien.

Nach Frankfurt. Und du?

● *Hallo! Habt ihr Feuer?* _____
■ *Ja* _____
● ...

Vocabulary

verbs

antworten	to answer	können	to be able to
bekommen	to receive, to get	korrigieren	to correct
bieten	to offer	kosten	to cost
entscheiden	to decide	sagen	to say
entschuldigen	to excuse	spülen	to wash dishes
fahren	to go (car, train)	stimmen	to be correct
funktionieren	to work, to be in working order	waschen	to wash
		wechseln	here: to change round
gehen	here: to be in working order		

nouns

e Antwort, -en	answer	r Kühlschrank, ⸚e	refrigerator
s Auto, -s	car	e Lampe, -n	lamp
e Batterie, -n	battery	e Minute, -n	minute
s Benzin	petrol, gas	e Parkuhr, -en	parking meter
s Bett, -en	bed	e Person, -en	person
s Bild, -er	picture	s Problem, -e	problem
r Fehler, -	mistake	s Programm, -e	programme
r Fernsehapparat, -e	television set	s Radio, -s	radio
s Foto, -s	photograph	s Regal, -e	shelf
s Geld	money	r Schrank, ⸚e	here: cupboard, also: wardrobe
s Geschäft, -e	shop		
e Gruppe, -n	group	r Schuh, -e	shoe
s Handy, -s	mobile phone	e Steckdose, -n	socket
s Haus, ⸚er	house	r Stecker, -	plug
r Haushalt, -e	household	r Stuhl, ⸚e	chair
r Helm, -e	helmet	r Tisch, -e	table
r Herd, -e	(kitchen) cooker, stove	r Topf, ⸚e	saucepan
		e Uhr, -en	clock, watch
e Idee, -n	idea	s Waschbecken, -	wash basin
e Kamera, -s	camera	e Waschmaschine, -n	washing machine
e Karte, -n	card	r Wasserhahn, ⸚e	tap
e Kassette, -n	cassette	r Wert, -e	value
e Küche, -n	kitchen	s Wort, ⸚er	word
r Kugelschreiber, -	pen, biro	e Zeit	time

adjectives

ähnlich	*similar*	lustig	*amusing*
bequem	*comfortable*	modern	*modern*
ehrlich	*honest*	originell	*novel*
kaputt	*broken*	praktisch	*practical*
leer	*empty,* here: *flat*		

adverbs

auch	*also*	morgen	*tomorrow*
heute	*today*	sehr	*very*

function words

es	*it*	zu	*to*
oder	*or*	zu	here: *turned off*
sondern	*but (after a negative)*		

expressions

alle	*all gone, empty*	zu sein	here: *to be turned off*
aus … sein	*to be made of*	viel Spaß!	*have fun!*

Grammar

1. Articles and nouns in the nominative case (§ 1 p. 128)

Unlike English, German nouns have both genders and cases. Which case you use depends on the role of the noun in the sentence. The first case you are introduced to is the nominative case, which is used for the subject of the sentence. The subject is the person or thing that ‚does‘ the action expressed by the verb or is described by the verb. The nominative case is the form you will find in the dictionary. There are three genders: masculine, feminine and neuter, which correspond to three different articles.

masculine: der Stuhl   feminine: die Lampe   neuter: das Klavier

Remember: for the one English article *the* there are three in German: *der, die, das*.

Looking at a noun it is very often impossible to know which gender it is. Only the article will tell you. It is therefore important to learn every noun with its article.
Both in English and in German there are definite and indefinite articles. However, there are two types of indefinite articles in German: a positive and a negative one.

	definite article – the	indefinite article positive – a/an	indefinite article negative – not a/an
masculine feminine neuter	der Stuhl die Lampe das Klavier	ein Stuhl eine Lampe ein Klavier	kein Stuhl keine Lampe kein Klavier
plural	die Stühle	Stühle	keine Stühle

Remember: in the plural there is only one definite article and one negative indefinite article for all three genders. There is no plural form for the positive indefinite article.
The use of the definite and indefinite articles in German largely corresponds to the use in English. When a noun is mentioned for the first time you use the indefinite article, when it is referred to again the noun is used with the definite article or replaced by a personal pronoun.

Das ist eine Badenia-Mikrowelle.   noun not previously mentioned
Die Mikrowelle hat 1000 Watt: referred to again
Sie hat 1000 Watt.   alternative

1.1. Exercise:

Translate the sentences a)–d) into English and e)–h) into German. Make sure you use the correct article.

a) Das ist kein Fernsehapparat. _____
   Es ist eine Waschmaschine. _____
b) Ist das der Herd von BADENIA? _____
c) Frau Pristl hat Kinder. _____
d) Eine Lampe kostet 21 Euro. _____
e) Mr Rhodes sells cars. _____

f) This is a dishwasher from Germany. _____

g) The chair is very comfortable. _____

h) This is not a radio. It is a telephone. _____

2. Negation (§ 48 p. 146)

In German the negative is either expressed by the word *nicht* or the negative indefinite article *kein-*. The negative indefinite article corresponds to the English *not a, no, not any* and always refers to a noun. *Nicht* is used to negate any other part of the sentence (e.g. verbs, adjectives, expressions of place and time etc.).

Das ist ein Schuh.	Das ist kein Schuh. Es ist ein Telefon.
Mein Schrank hat Schubladen.	Dein Schrank hat keine Schubladen.

Remember: *kein- = not a, no, not any*

Das Radio funktioniert.	Der Fernseher funktioniert nicht.
Katja wohnt in Leipzig.	Angelika wohnt nicht in Leipzig, sie wohnt in Dresden.
Ich komme heute.	Ich komme nicht morgen.
Das Bett ist neu.	Der Stuhl ist nicht neu.
Das ist mein Buch.	Das ist nicht dein Buch.

Remember: *nicht = not.*

Remember: English often includes the verb *do* in a negative sentence. This does not happen in German.

2.1. Exercise:

Make the following sentences negative.

a) Ich wohne in Manchester. _____

b) Das ist eine Waschmaschine. _____

c) Das ist meine Kamera. _____

d) Die Maschine funktioniert. _____

e) Eine Maschine funktioniert. _____

f) Der Fernsehapparat ist neu. _____

g) Ich habe Kinder. _____

3. Personal pronouns in the nominative case (§ 11 p. 133)

The personal pronouns *er, sie, es* and *sie* (plural) replace nouns to avoid repetition. Personal pronouns can refer to people:

	Herr Müller – er
	Frau Müller – sie
	das Kind – es
They can also refer to things:	der Stuhl – er
	die Lampe – sie
	das Bett – es

Remember: the English pronoun *it* is *er*, *sie* or *es* in German. The plural pronoun *sie* (they) is the same for all three genders (people and things).

4. Possessive articles in the nominative case (§ 6a p. 130)

In German possessive articles agree both with the person who possesses something (as in English) and with the object possessed (different from English).

Das ist <u>mein</u> Stuhl.	This is my chair.
Das ist <u>meine</u> Lampe.	This is my lamp.
Das ist <u>mein</u> Bett.	This is my bed.

The form of the possessive article in the singular corresponds to the indefinite article.

Das ist <u>ein</u> Stuhl. (masc)   Das ist <u>eine</u> Lampe. (fem)   Das ist <u>ein</u> Bett. (neut)

In the plural there is again only one form for all three genders.

Das sind	meine Stühle.
	meine Lampen.
	meine Betten.

The form therefore corresponds to the negative indefinite article.

owner possession	singular					plural	
	ich	du	Sie	er	sie	Sie	sie
der	mein	dein	Ihr	sein	ihr	Ihr	ihr
die	meine	deine	Ihre	seine	ihre	Ihre	ihre
das	mein	dein	Ihr	sein	ihr	Ihr	ihr
plural	meine	deine	Ihre	seine	ihre	Ihre	ihre

Remember: if you address a person with *du* you use the possessive adjective *dein/deine*.
If you address a person with *Sie* you use *Ihr/Ihre*. They both correspond to the English *your*.

5. Plural (§ 9 p. 132)

Even though there are some patterns for how to form the plural there are no easy rules and it is therefore advisable that you always learn the gender <u>and</u> the plural of a noun. Before you attempt exercise 12 in the workbook have a look at the various patterns as shown in § 9 of the grammar section in the Kursbuch.

6. aber, sondern

Both conjunctions are translated as *but* into English. *Sondern*, however, is only used after a negative and then only when a wrong idea is replaced by a correct one.

Das ist kein Schuh, sondern ein Telefon.
Die Stühle sind nicht neu, sondern alt.
Here the two ideas presented are incompatible.

Der Fernsehapparat ist nicht originell, aber er funktioniert.
Die Waschmaschine ist alt, aber sie funktioniert.
Here the two ideas are compatible, they can co-exist.
Aber is always used when the first idea is in the affirmative.

6.1. Exercise:

Supply *aber* or *sondern*.

a) Meine Telefonnummer ist nicht 69458, _____ 69485.

b) Herr und Frau Matter sind Landwirte, _____ die Kinder möchten später keine Landwirte werden.

c) Der BADENIA-Küchenschrank ist praktisch, _____ er kostet € 698.–.

d) Das ist kein Taschenrechner, _____ ein Telefon.

e) Katja Heinemann wohnt nicht in Leipzig, _____ sie arbeitet da.

f) Das ist nicht deine Kamera, _____ meine Kamera.

1. Suchen Sie Wörter.

Nach Übung
2
im Kursbuch

a) tielektroherdwestuhlertopfelemineuaskameratewasserhahnefglühbirneh
   Elektroherd

b) zahkugelschreiberledlampesbwaschbeckenörststeckerlobatteriepsüzahlend

c) tassteckdoseautaschenlampeehtischisfotokistaschenrechnerlas

2. „Der", „die" oder „das"?

Nach Übung
2
im Kursbuch

a) _____ Taschenrechner
b) _____ Lampe
c) _____ Topf
d) _____ Steckdose
e) _____ Wasserhahn
f) _____ Kugelschreiber
g) _____ Elektroherd
h) _____ Foto

i) _____ Mine
j) _____ Glühbirne
k) _____ Kamera
l) _____ Taschenlampe
m) _____ Tisch
n) _____ Stuhl
o) _____ Waschbecken
p) _____ Stecker

3. Bildwörterbuch. Ergänzen Sie.

Nach Übung
3
im Kursbuch

a)
b)
c)
d)
e)

f)
g)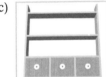
h)
i)

j)
k)
l)
m)
n)

a) *der*
b) _____
c) _____
d) _____
e) _____
f) _____
g) _____

h) _____
i) _____
j) _____
k) _____
l) _____
m) _____
n) _____

Nach Übung

3

im Kursbuch

4. „Er", „sie", „es" oder „sie" (Plural)? Ergänzen Sie.

a) Das ist eine *Leica*. Sie ist schon zwanzig Jahre alt, aber _____ fotografiert noch sehr gut.

b) Das ist Karins Kugelschreiber. _____ schreibt sehr gut.

c) Das ist der Reiseleiter. _____ wohnt in Ulm.

d) Frau Benz ist nicht berufstätig. _____ ist Hausfrau.

e) Das sind Inge und Karin. _____ sind noch Schülerinnen.

f) Das ist Bernds Auto. _____ ist zehn Jahre alt.

g) Das sind Batterien. _____ sind für Kameras oder Taschenrechner.

h) Das ist eine *Gora*-Spülmaschine. Die Maschine hat fünf Programme. _____ ist sehr gut.

i) Das ist ein *Badenia*-Küchenstuhl. Der Stuhl ist sehr bequem. _____ kostet 185 Euro.

Nach Übung

3

im Kursbuch

5. „Der" oder „ein", „die" oder „eine", „das" oder „ein", „die" (Plural) oder „–"?

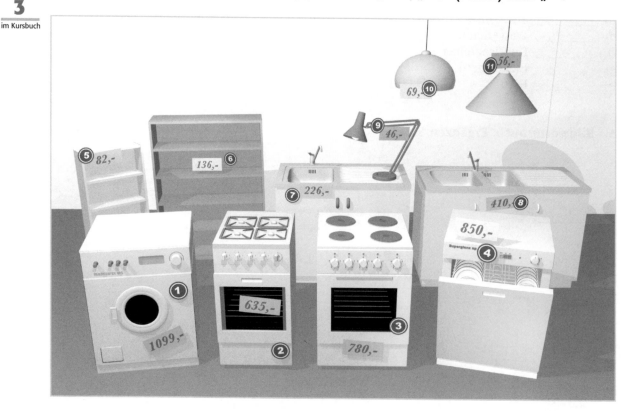

a) Nr. 6 ist _____ Büroregal und kostet 136 Euro.

b) _____ Küchenregal kostet 82 Euro.

c) Nr. 8 ist _____ Spüle mit zwei Becken.

d) _____ Spüle mit zwei Becken kostet 410 Euro.

e) _____ Herd Nr. 3 ist _____ Elektroherd, Nr. 2 ist _____ Gasherd.

f) _____ Elektroherd kostet 780 Euro, _____ Gasherd 635.

g) _____ Lampen Nr. 10 und 11 sind _____ Küchenlampen. _____ Lampe Nr. 9 ist _____ Bürolampe.

h) _____ Küchenlampen kosten 69 und 56 Euro, _____ Bürolampe 46.

6. Beschreiben Sie.

Nach Übung
3
im Kursbuch

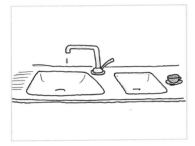

a) <u>Das ist ein Küchenschrank.</u>
<u>Der Schrank hat drei</u>
<u>Regale. Er kostet</u>
<u>€ 698,–.</u>

b) <u>Das ist</u>

c)

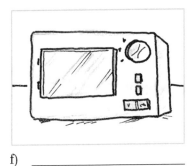

d)

e)

f)

g)

h)

i)

LEKTION 2

Nach Übung

4

im Kursbuch

7. Ein Wort passt nicht.

a) Geschirrspüler – Waschmaschine – Spüle – Mikrowelle
b) Bild – Stuhl – Tisch – Schrank
c) Spüle – Abfalleimer – Waschbecken – Wasserhahn
d) Elektroherd – Kühlschrank – Regal – Geschirrspüler
e) Radio – Telefon – Fernsehapparat – Uhr – Handy

Nach Übung

4

im Kursbuch

8. Was ist das?

- Was ist Nr. 2? ● *Eine* _____
- Was ist Nr. ...? ● ...

Nach Übung

4

im Kursbuch

9. „Wer" oder „was"? Fragen Sie.

a) *Wer ist das?* _____ – Herr Roberts.
b) _____ – Ein Stuhl.
c) _____ – Das ist eine Lampe.
d) _____ – Das ist Margot Schulz.
e) _____ ist Klaus Henkel? – Programmierer.
f) _____ ist Studentin? – Monika Sager.
g) _____ wohnt in Hamburg? – Angelika Wiechert.
h) _____ macht Rita Kurz? – Sie ist Sekretärin.

10. Was ist da nicht?

Nach Übung
5
im Kursbuch

a) _Da ist kein_ _____

b) _____

c) _____

d) _____

e) _____

f) _____

11. Ordnen Sie.

Nach Übung
5
im Kursbuch

Elektroherd   Taschenlampe   Mine   Lampe   Glühbirne   Foto   Uhr   Radio
Fernsehapparat   Abfalleimer   Bild   Kühlschrank   Schrank   Kugelschreiber
Stecker   Stuhl   Regal   Spüle   Geschirrspüler
Telefon   Steckdose   Taschenrechner   Tisch   Mikrowelle   Handy

| der / ein / kein | die / eine / keine | das / ein / kein |

a) _____

b) _____

c) _____

Nach Übung

6

im Kursbuch

12. Wie heißt der Singular? Wie heißt der Plural? Ergänzen Sie.

~~Telefon~~   ~~Stuhl~~   Abfalleimer   Frau   Glühbirne   Batterie   Hobby   Mikrowelle
~~Lampe~~   ~~Mutter~~   Kamera   Beruf   Spülmaschine   Regal   Kind   Mine
~~Foto~~   ~~Uhr~~   ~~Stecker~~   ~~Bild~~   Wasserhahn   Arzt   Mädchen   Taschenrechner
~~Mann~~   Kochfeld   Handy   Zahl   Name   Ausländer   Waschbecken   Spüle
Kugelschreiber   Elektroherd   Tisch   Topf   Land   Radio   Auto   Fernsehapparat

-e   *das Telefon* — *die Telefone*

_____ — _____
_____ — _____
_____ — _____

̈e   *der Stuhl* — *die Stühle*

_____ — _____
_____ — _____

-n   *die Lampe* — *die Lampen*

_____ — _____
_____ — _____
_____ — _____

-en   *die Uhr* — *die Uhren*

_____ — _____

-   *der Stecker* — *die Stecker*

_____ — _____
_____ — _____
_____ — _____
_____ — _____

̈   *die Mutter* — *die Mütter*

-er   *das Bild* — *die Bilder*

_____ — _____

̈er   *der Mann* — *die Männer*

_____ — _____

-s   *das Foto* — *die Fotos*

_____ — _____
_____ — _____
_____ — _____

Nach Übung

7

im Kursbuch

13. Schreiben Sie die Zahlen.

a) zweihundertvierundsechzig — *264*
b) hundertzweiundneunzig — _____
c) fünfhunderteinundachtzig — _____
d) siebenhundertzwölf — _____
e) sechshundertfünfundfünfzig — _____
f) neunhundertdreiundsechzig — _____
g) hundertachtundzwanzig — _____
h) dreihundertdreizehn — _____
i) siebenhunderteinunddreißig — _____

j) fünfhundertsiebenundvierzig — _____
k) achthundertsechsundachtzig — _____
l) sechshundertfünfundsiebzig — _____
m) zweihundertachtunddreißig — _____
n) vierhundertdreiundneunzig — _____
o) neunhundertzweiundzwanzig — _____
p) hundertneun — _____
q) achthundertsechzehn — _____
r) zweihunderteins — _____

14. Schreiben Sie die Zahlen und lesen Sie laut.

Nach Übung
7
im Kursbuch

a) 802: _____
b) 109: _____
c) 234: _____
d) 356: _____
e) 788: _____
f) 373: _____
g) 912: _____
h) 401: _____
i) 692: _____

j) 543: _____
k) 428: _____
l) 779: _____
m) 284: _____
n) 997: _____
o) 238: _____
p) 513: _____
q) 954: _____
r) 786: _____

15. „Ihr"/„Ihre" oder „dein"/„deine"? Ergänzen Sie.

Nach Übung
8
im Kursbuch

a) ● Entschuldigen Sie! Ist das _____ Uhr? ■ Ja.
b) ● Du, Sonja, ist das _____ Auto? ■ Nein.
c) ● Frau Kunst, wie ist _____ Telefonnummer? ■ 24 56 89.
d) ● Wie ist _____ Adresse, Herr Wenzel? ■ Konradstraße 35, 55124 Mainz.
e) ● Wie heißt du? ■ Bettina.
   ● Und wie ist _____ Adresse? ■ Mozartstraße 23.
f) ● Hast du jetzt Telefon? ■ Ja.
   ● Und wie ist _____ Nummer? ■ 5 78 54

16. Ergänzen sie.

Nach Übung
10
im Kursbuch

a) Taschenlampe : Batterie / Auto : _____
b) Fernsehapparat : Bild / Kamera : _____
c) Batterie : leer / Stuhl : _____
d) Spülmaschine : spülen / Waschmaschine : _____
e) Postkarte : lesen und schreiben / Telefon : _____ und
   _____
f) Auto : waschen / Topf : _____
g) Mikrowelle : praktisch / Stuhl : _____

17. „Er", „sie", „es" oder „sie" (Plural)? Ergänzen Sie.

Nach Übung
10
im Kursbuch

a) ● Ist das deine Kamera? ■ Ja, aber _____ funktioniert nicht.
b) ● Ist das Ihr Auto? ■ Ja, aber _____ fährt nicht.
c) ● Ist das deine Taschenlampe? ■ Ja, aber _____ funktioniert nicht.
d) ● Ist das dein Taschenrechner? ■ Ja, aber _____ geht nicht.
e) ● Sind das Ihre Batterien? ■ Ja, aber _____ sind leer.
f) ● Ist das Ihre Uhr? ■ Ja, aber _____ geht nicht.
g) ● Sind das Ihre Kugelschreiber? ■ Ja, aber _____ schreiben nicht.
h) ● Ist das dein Telefon? ■ Ja, aber _____ geht nicht.

Nach Übung

10

im Kursbuch

18. Was passt nicht?

a) *Die Waschmaschine:* ist praktisch, ist gut, ist neu, fährt gut, wäscht gut.
b) *Das Haus:* ist klein, ist modern, ist ehrlich, kostet € 230.000.
c) *Der Kühlschrank:* ist leer, geht nicht, spült nicht, ist praktisch, ist neu.
d) *Das Telefon:* ist lustig, antwortet nicht, ist kaputt, ist modern.
e) *Die Frau:* ist kaputt, ist ehrlich, ist ledig, ist klein, ist lustig.
f) *Die Spülmaschine:* wäscht nicht, ist leer, geht nicht, spült nicht gut.
g) *Der Stuhl:* ist bequem, ist neu, ist leer, ist frei, ist modern.
h) *Das Foto:* ist lustig, ist praktisch, ist neu, ist klein, ist gut.
i) *Das Auto:* fährt nicht, ist neu, wäscht gut, ist kaputt.
j) *Das Geschäft:* ist gut, ist neu, ist klein, ist leer, ist ledig.
k) *Die Idee:* ist neu, ist lustig, ist klein, ist gut.
l) *Die Küche:* ist modern, ist ehrlich, ist praktisch, ist neu, ist klein.

Nach dem

**Lernspiel
Seite 31**

im Kursbuch

19. Antworten Sie.

a) ● Ist das deine Uhr?
   ■ *Nein, das ist ihre Uhr.*

g) ● Sind das deine Batterien?
   ■ _____

b) ● Sind das deine Fotos?
   ■ *Nein, das* _____

h) ● Ist das deine Kamera?
   ■ _____

c) ● Ist das dein Kugelschreiber?
   ■ _____

i) ● Ist das dein Auto?
   ■ _____

d) ● Ist das dein Radio?
   ■ _____

j) ● Ist das deine Taschenlampe?
   ■ _____

e) ● Ist das deine Lampe?
   ■ _____

k) ● Ist das dein Taschenrechner?
   ■ _____

f) ● Ist das dein Fernsehapparat?
   ■ _____

l) ● Ist das dein Handy?
   ■ _____

Vocabulary

verbs

backen	*to bake*	kaufen	*to buy*
bekommen	here: *to like*	kennen	*to know*
bestellen	*to order*	kochen	*to cook*
bezahlen	*to pay*	mögen	*to like*
brauchen	*to need*	nehmen	*to take*
erkennen	*to recognise*	schmecken	*to taste*
erzählen	*to tell*	trinken	*to drink*
essen	*to eat*	üben	*to practise*
glauben	*to believe, to think*		

nouns

s Abendessen	*evening meal*	s Glas, ⸚er	*glass, jar*
r Alkohol	*alcohol*	s Gramm	*gram*
e Anzeige, -n	*advert*	s Hähnchen	*chicken*
r Apfel, ⸚	*apple*	r Kaffee	*coffee*
s Bier	*beer*	e Kartoffel, -n	*potato*
e Bohne, -n	*bean*	r Käse	*cheese*
s Brot, -e	*bread*	s Kilo, -s	*kilogram*
s Brötchen, -	*bread roll*	e Kiste, -n	*crate, box*
e Butter	*butter*	s Kotelett, -s	*chop*
e Dose, -n	*tin, can*	r Kuchen	*cake*
s Ei, -er	*egg*	e Limonade, -n	*lemonade*
r Einkaufszettel	*shopping list*	r Liter	*litre*
s Eis	*ice cream*	r Löffel, -	*spoon*
e Erdbeere, -n	*strawberry*	e Marmelade, -n	*jam*
r Euro	*the euro* (European Currency)	s Mehl	*flour*
		s Messer, -	*knife*
s Export	type of *lager (beer)*	e Milch	*milk*
r Fisch, -e	*fish*	s Mineralwasser	*mineral water*
e Flasche, -n	*bottle*	r Nachtisch, -e	*dessert*
s Fleisch	*meat*	r Obstkuchen, -	*fruit pie*
e Frage, -n	*question*	s Öl, -e	*oil*
e Frucht, ⸚e	*fruit*	e Packung, -en	*bag, packet*
s Frühstück	*breakfast*	r Pfeffer	*pepper*
e Gabel, -n	*fork*	s Pfund	*half a kilo*
r Gasthof, ⸚e	*pub/restaurant*	r Preis, -e	*price*
s Gemüse	*vegetable*	r Reis	*rice*
s Gericht, -e	*dish, meal*	r Rotwein, -e	*red wine*
s Gespräch, -e	*conversation*	r Saft, ⸚e	*juice*
s Getränk, -e	*drink*	e Sahne	*cream*
s Gewürz, -e	*spice*	r Salat	*salad*

r Schinken	*ham*	e Tomate, -n	*tomato*
e Schokolade, -n	*chocolate*	e Vorspeise, -n	*starter*
e Soße, -n	*gravy, sauce*	e Wäsche	*laundry*
e Speisekarte, -n	*menu*	r Weißwein, -e	*white wine*
s Spülmittel, -	*washing-up liquid*	e Wurst, ¨e	*sausage,*
s Steak, -s	*steak*		*cooked meat*
e Suppe, -n	*soup*	r Zettel, -	*piece of paper*
e Tasse, -n	*cup*	r Zucker	*sugar*
r Tee, -s	*tea*	e Zwiebel, -n	*onion*
r Teller, -	*plate, platter*		

adjectives

billig	*cheap*	normal	*normal*
bitter	*bitter*	fantastisch	*fantastic*
dunkel	*dark*	rot	*red*
eng	*narrow*	salzig	*salty*
fett	*fatty*	satt	*full*
frisch	*fresh*	sauer	*sour*
groß	*big, tall*	scharf	*hot, spicy*
grün	*green*	schlank	*slim*
hart	*hard*	stark	*strong*
hell	*light*	süß	*sweet*
hoch	*tall*	trocken	*dry*
kalt	*cold*	typisch	*typical*
mild	*mild*	warm	*warm*
nah	*near*	wichtig	*important*

adverbs

abends	*in the evening*	morgens	*in the morning*
am liebsten	*(to like) best*	nachmittags	*in the afternoon*
besonders	*especially*	natürlich	*naturally*
danach	*afterwards*	nur	*only*
dann	*then*	oben	here: *at the top*
fast	*almost*	oft	*often*
ganz	here: *very*	sofort	*at once*
genug	*enough*	überall	*everywhere*
gern	*to like (doing something)*	unten	here: *at the bottom*
		verschieden	*different*
getrennt	*separate*	vor allem	*above all*
lieber	*(to like) better*	vorwiegend	*predominantly*
manchmal	*sometimes*	zuerst	*first*
mittags	*at lunchtime*	zusammen	*together*

function words

alle	*all*	pro	*per*
als	here: *for*	viel	*much, a lot*
etwas	here: *a little*	viele	*many*
jeder	*every*	welch-?	*which*
mit	*with*	zu	here: *too*

function words

alle	*all*	pro	*per*
als	here: *for*	viel	*much, a lot*
etwas	here: *a little*	viele	*many*
jeder	*every*	welch-?	*which*
mit	*with*	zu	here: *too*

expressions

Das macht 15 Euro.	*That's 15 euro.*	es gibt	*there is, there are*
Schmeckt der Fisch?	*Do you like the fish?*	Das stimmt so.	*Keep the change.*

abbreviations

g s Gramm	*gram*	kg s Kilogramm	*kilogram*

LEKTION 3

Grammar

1. Nouns and articles in the accusative case (§ 2 p. 128, 6 b p. 130)

In chapter 2 you learnt that German nouns have genders and cases and that the nominative case is used for the subject of the sentence. The case you are now introduced to is the accusative, which is used for the direct object of the sentence. This shows who or what is affected by the action of the subject.

Franz Kaiser isst <u>einen Hamburger</u>.
Clara Mai trinkt <u>kein Bier</u>.
Ich mag <u>den Wein</u> nicht.
Der Kellner bedient <u>Frau Zöllner</u>.

Verbs which are followed by an accusative object are called transitive verbs.
When asking for the accusative object you use the interrogative pronouns „was?" (for things) and „wen?" (for people) which correspond to the English *what* and *whom*.

Remember: English people tend not to distinguish between *who* and *whom*. *Who* is frequently used where *whom* would be grammatically correct.

● Was isst Franz Kaiser? ■ <u>Einen Hamburger</u>.
● Wen bedient der Kellner? ■ <u>Frau Zöllner</u>.

The articles in the nominative and accusative cases are identical with the exception of the masculine ones. This shows you how important it is to know the gender of the nouns. Otherwise you cannot form the accusative correctly.

	definite article	indefinite article		possessive article	
		positive	negative		
der	<u>den</u> Stuhl	<u>einen</u> Stuhl	<u>keinen</u> Stuhl	<u>meinen/deinen</u> <u>seinen/ihren</u> <u>Ihren</u>	Stuhl
die	die Lampe	eine Lampe	keine Lampe	meine/deine seine/ihre Ihre	Lampe
das	das Regal	ein Regal	kein Regal	mein/dein sein/ihr Ihr	Regal
plural	die | Stühle Lampen Regale	Stühle Lampen Regale	keine | Stühle Lampen Regale	meine/deine seine/ihre Ihre	Stühle Lampen Regale

1.1. Exercise:

Nominative or accusative case? Add the definite articles or the appropriate endings of the indefinite or possessive articles if necessary.

a) _____ Kamera funktioniert nicht.

b) Ist das dein _____ Bier?

c) Ich bezahle dein _____ Bier.

d) Er bestellt ein _____ Schweinebraten.

e) _____ Schweinebraten schmeckt gut.

f) Clara Mai mag kein _____ Bier.

g) Abends trinke ich gern ein _____ Bier.

h) Wer bekommt _____ Rindersteak?

i) Ich bezahle dein _____ Kaffee.

j) Dein _____ Kaffee ist schon kalt.

k) Ich kaufe ein _____ Joghurt.

2. Measurement nouns (§ 8 p. 131)

Nouns dending substances, e.g. food and drinks (water, sugar, soup) are non-countable.
For expressing an amount you therefore have to use specific measurement nouns, e.g. Flasche (bottle), Glas (glass, jar), Kilo, Liter etc.

Ich möchte <u>eine Tasse</u> Kaffee.	I would like a cup of coffee.
Kauf bitte <u>2 Liter</u> Milch.	Please buy 2 litres of milk.
Was kostet <u>ein Kilo</u> Zucker?	How much is a kilo of sugar?

Remember: In English the substance is preceded by *of* (e.g. a cup of coffee). This is not the case in German. The measurement noun is followed directly by the substance (eine Tasse Kaffee).

Remember: Only feminine measurement nouns take the plural form.

eine Dose Cola	zwei Dosen Cola
eine Flasche Wein	zwei Flaschen Wein
eine Kiste Bier	zwei Kisten Bier
eine Tasse Tee	zwei Tassen Tee
eine Packung Kaffee	zwei Packungen Kaffee
but:	
ein Teller Suppe	zwei Teller Suppe
ein Liter Milch	zwei Liter Milch
ein Stück Kuchen	zwei Stück Kuchen
ein Glas Saft	zwei Glas Saft
ein Kilo Tomaten	zwei Kilo Tomaten
ein Pfund Schinken	zwei Pfund Schinken
ein Gramm	100 Gramm Käse

3. Verbs with vowel change (§ 23 p. 138)

In German there are different groups of verbs. One group is totally regular, as shown in Chapter 1, 1.3 (wohnen, arbeiten, heißen), one is irregular (haben, sein). A third group consists of verbs whose stem changes in the second (du) and third person (er, sie, es, wer?, was?) singular in the present tense. The first person singular (ich) and all plural forms have no vowel change. All the endings, however, are regular.

In the course of this book you will come across a lot of verbs in this group.

	fahren	waschen	essen	nehmen	sprechen
ich	fahre	wasche	esse	nehme	spreche
du	fährst	wäschst	isst	nimmst	sprichst
er, sie, es	fährt	wäscht	isst	nimmt	spricht
wir	fahren	waschen	essen	nehmen	sprechen
ihr	fahrt	wascht	esst	nehmt	sprecht
sie, Sie	fahren	waschen	essen	nehmen	sprechen

4. The irregular verb *mögen* (§ 24 p. 138)

ich mag   du magst   er, sie, es mag   the plural is regular

5. Sentence structures (§ 33 p. 141, § 35 p. 142)

In the first chapter you learnt the basic construction of a German sentence. In this chapter you are introduced to two possible ways of expanding a sentence: by either adding a second verb or a qualifier or both.

5.1. Sentences with accusative object and qualifiers

Vorfeld preverbal position	Verb 1 verb 1	Subjekt subject	Angabe qualifiers	Ergänzung complement
Franz	isst			einen Hamburger.
Franz	isst		abends	einen Hamburger.
Abends	isst	Franz		einen Hamburger.
Einen Hamburger	isst	Franz	abends.	

Accusative objects can either take the position of the complement or the preverbal position. Qualifiers are expressions which provide additional information about the basic sentence as you can see from the examples above. A qualifier can also take the preverbal position. The examples also demonstrate that any part of the sentence with the exception of the verb can take the preverbal position. The rule of thumb for the time being is: the idea which has already been mentioned (and to which another idea is added) or the idea which you would like to emphasise takes the preverbal position.

5.2. Sentences with modal verbs

Vorfeld preverbal position	Verb 1 verb 1	Subjekt subject	Angaben qualifiers	Ergänzung complement	Verb 2 verb 2
Ich	möchte			ein Eis	essen.
Ich	möchte		als Nachtisch	ein Eis	essen.
Als Nachtisch	möchte	ich		ein Eis	essen.
Ein Eis	möchte	ich	als Nachtisch		essen.

In this chapter you have come across the verb *möchten*. It expresses a wish and belongs to a new group of verbs, called modal verbs. Modals are used together with the infinitive of another verb, which can be omitted if it is implied by the context, e.g. Ich möchte eine Cola. „Trinken" is implied. The conjugated modal takes the verb position which will be called verb 1 from now on, the complementary verb in the infinitive takes the end position which will be called verb 2 from now on. The two verbs form a bracket around all parts of the sentence with the exception of the one in the preverbal position. This is a typical feature of German sentence construction. *Möchten* is an important verb. Therefore learn its conjugation well.

ich	du	er, sie, es	wir	ihr	sie, Sie
möchte	möchtest	möchte	möchten	möchtet	möchten

5.3. The imperative (§ 26 p. 139, § 34 p. 141)

The imperative is used to express a command, a request or a piece of advice. If you use *du* to address a person the imperative is derived from the second person singular: the personal pronoun *du* and the verb ending -*st* are omitted. Verbs with a vowel change from a to *ä* revert to the original stem vowel *a*.

du: du trinkst → trink!   du fährst → fahr!

If you use *Sie* to address one person or several people the imperative is derived from the formal *Sie*-form. The personal pronoun *Sie* is merely positioned behind the verb which does not change.

Sie: Sie trinken → trinken Sie!   Sie fahren → fahren Sie!

Bitte can be used to make the sentence sound more friendly.
The table below shows that an imperative sentence always starts with the verb. The preverbal position remains vacant (empty).

Vorfeld preverbal position	Verb verb	Subjekt subject	Angabe qualifiers	Ergänzung complement
	Nimm		doch noch	etwas Fleisch!
	Nimm		doch bitte noch	etwas Fleisch!
	Nehmen	Sie	doch noch	etwas Fleisch!

5.4. Exercise:
What does the teacher say? Please write imperative sentences.
a) den Dialog hören _____ , Antonia!
b) die Grammatik üben _____ , Herr Sanchez!
c) das Wort ergänzen _____ , Frau Otani!
d) die Anzeige lesen _____ , Herr Abel und Herr Koch!
e) einen Dialog schreiben _____ , Pavlo!
f) den Kugelschreiber nehmen _____ , Katja!
g) lauter sprechen _____ , Maria!

6. Adverbs

6.1. Ja, nein, doch

Möchtest du Kartoffeln?   Ja. (Ich möchte Kartoffeln.)
                                          Nein. (Ich möchte keine Kartoffeln.)
Möchtest du keine Kartoffeln?   Doch. (Ich möchte Kartoffeln.)
                                          Nein. (Ich möchte keine Kartoffeln.)

The English *yes* has two equivalents in German: *ja* and *doch*. When replying *yes* to a negative question you must use *doch*. *Ja* would be wrong.

6.2. Exercise
a) Trinken Sie kein Bier?   _____ , ich trinke gern Bier.
b) Möchtest du einen Kaffee?   _____ danke, lieber einen Tee.
c) Wohnen Sie nicht in Berlin?   _____ , in Dresden.
d) Ist das Herr Müller?   _____ , das ist er.
e) Isst du nicht gerne Fleisch?   _____ , ich esse sehr gerne Fleisch.

6.3. Gern(e), lieber
Gern(e) is used to express that you like doing something.
Ich esse gern(e) Fisch.   I like (eating) fish.
Ich spiele gern(e) Klavier.   I like playing the piano.
Lieber is the comparative (see chapter 9) of *gern* and is used to express that you like something better or prefer something.
Trinkst du gern Tee?   Nein, ich trinke lieber Kaffee.
Do you like (drinking) tea?   No, I prefer (drinking) coffee.

7. Particle: doch

doch – used to express encouragement
Nehmen Sie **doch** noch etwas Fisch.   Why don't you have a bit more fish?

1. Ein Wortspiel mit Nomen. Schreiben Sie wie im Beispiel.

Nach Übung
1
im Kursbuch

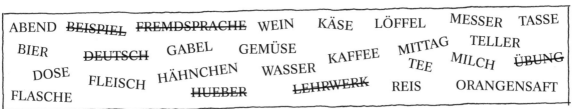

ABEND ~~BEISPIEL~~ ~~FREMDSPRACHE~~ WEIN KÄSE LÖFFEL MESSER TASSE
BIER ~~DEUTSCH~~ GABEL GEMÜSE KAFFEE MITTAG TELLER
TEE MILCH ~~ÜBUNG~~
DOSE FLEISCH HÄHNCHEN WASSER
FLASCHE ~~HUEBER~~ ~~LEHRWERK~~ REIS ORANGENSAFT

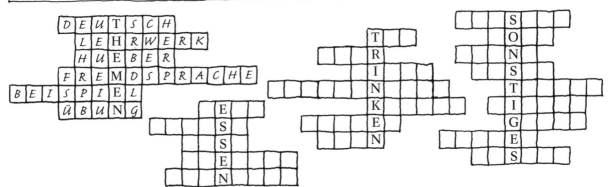

2. Schreiben Sie.

Nach Übung
2
im Kursbuch

Was essen die Leute?

a) die Mutter und der Sohn

Die Mutter isst ein Hähnchen mit Kartoffelsalat
und trinkt ein Bier.
Der Sohn

b) der Vater und die Tochter

Der Vater isst

c) das Paar, er und sie

d) die Frau

a)
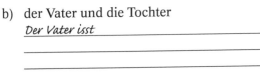

b)

c)

d)

Nach Übung

3

im Kursbuch

3. Schreiben Sie.

Was essen und trinken Franz, Clara und Thomas gern? Was mögen sie nicht?

isst trinkt | gern		mag | keinen kein keine
Franz Kaiser:	Hamburger Pizza Eis Pommes frites Cola	Salat Käse Bier Wein
Clara Mai:	Obst Fisch Marmeladebrot Wein	Pommes frites Kuchen Eis Wurst Bier
Thomas Martens:	Bier Wein Wurst Fleisch Kartoffeln	Wasser Fisch Reis

a) Franz Kaiser: *Er isst gern*

und er trinkt gern

Aber er mag keinen Salat,

b) Clara Mai: …   c) Thomas Martens: …

Nach Übung

4

im Kursbuch

4. Drei Antworten sind richtig. Welche?

a) Was ist zum Beispiel leer?
- A eine Flasche
- B eine Batterie
- C ein Foto
- D ein Bett

b) Was ist zum Beispiel alle?
- A die Leute
- B das Geld
- C die Kartoffeln
- D das Bier

c) Was ist zum Beispiel neu?
- A eine Küche
- B eine Telefonnummer
- C eine Idee
- D Kinder

d) Was ist zum Beispiel gut?
- A der Familienstand
- B der Nachtisch
- C die Antwort
- D die Gläser

e) Was ist zum Beispiel kaputt?
- A eine Adresse
- B eine Kassette
- C ein Fernsehapparat
- D ein Teller

f) Was ist zum Beispiel frei?
- A der Tisch
- B der Haushalt
- C das Regal
- D der Stuhl

5. Ordnen Sie die Adverbien.

Nach Übung
5
im Kursbuch

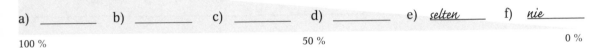

| meistens | ~~nie~~ | ~~selten~~ | manchmal | immer | oft |

a) _____ b) _____ c) _____ d) _____ e) *selten* f) *nie*

100 %   50 %   0 %

6. Wer möchte was? Schreiben Sie.

Nach Übung
6
im Kursbuch

Familie Meinen isst im Schnellimbiss.

a) Sonja möchte
Pommes frites und _____
_____
_____

b) Michael möchte
_____
_____
_____

c) Frau Meinen möchte
_____
_____
_____

d) Herr Meinen möchte
_____
_____
_____

7. Was passt nicht?

Nach Übung
6
im Kursbuch

a) Kaffee – Tee – Milch – Suppe – Mineralwasser
b) Braten – Hähnchen – Gemüse – Kotelett – Steak
c) Glas – Flasche – Teller – Tasse – Kaffee
d) Gabel – Löffel – Messer – Tasse
e) Tasse – Gabel – Glas – Teller
f) Bier – Brot – Salat – Steak – Eis
g) Hamburger – Hauptgericht – Käsebrot – Bratwurst – Pizza
h) Weißwein – Apfelsaft – Mineralwasser – Eis – Limonade
i) morgens – abends – nachmittags – mittags – immer
j) immer – oft – mittags – manchmal – meistens

Nach Übung

6

im Kursbuch

8. Ordnen Sie und tragen Sie unten ein.

Bratwurst   Gemüsesuppe   Eis   Schweinebraten   Rindersteak Hähnchen Schwarzbrot

Apfelkuchen   Wurst   Salatteller   Kalter Braten   Rindfleischsuppe   Zwiebelsuppe

Obst   Fischplatte   Früchtebecher   Weißbrot

	Fleisch	kein Fleisch
kalt		
warm		

Nach Übung

7

im Kursbuch

9. Was passt? Schreiben Sie.

a) Kaffee : Tasse / Bier : _____
b) Tee : trinken / Suppe : _____
c) Rindersteak : Rind / Kotelett : _____
d) Pizza : essen / Milch : _____
e) Kuchen : Sahne / Pommes frites : _____
f) Apfel : Obst / Kotelett : _____
g) ich : mein / du : _____
h) 8 Uhr : morgens / 20 Uhr : _____
i) kaufen : Geschäft / essen : _____
j) Eis : Nachtisch / Rindersteak : _____

Nach Übung

7

im Kursbuch

10. Was stimmt hier nicht? Schreiben Sie die richtigen Wörter.

a) der *Schweine*saft   *der Orangensaft* _____
b) das *Nach*gericht   _____
c) das *Orangen*brot   _____
d) die *Apfel*wurst   _____
e) der *Schwarz*kuchen   _____
f) der *Kartoffel*braten   _____
g) das *Brat*steak   _____
h) der *Haupt*tisch   _____
i) der *Zwiebel*wein   _____
j) der *Rinder*salat   _____
k) die *Rot*suppe   _____

11. Wer sagt das? Der Kellner, der Gast oder der Text?

Nach Übung

8

im Kursbuch

a) Ein Glas Wein, bitte.

b) Einen Apfelsaft, bitte.

c) Herr Ober, wir möchten bestellen.

d) Die Gäste bestellen die Getränke.

e) Und Sie, was bekommen Sie?

f) Einen Schweinebraten mit Pommes frites. Geht das?

g) Bitte, was bekommen Sie?

h) Er nimmt eine Zwiebelsuppe und einen Rinderbraten.

i) Der Kellner bringt die Getränke.

j) Ja, natürlich. Und was möchten Sie trinken?

k) Der zweite Gast nimmt den Schweinebraten und den Apfelsaft.

l) Ich nehme eine Zwiebelsuppe und einen Rinderbraten.

m) Und was möchten Sie trinken?

Kellner	Gast	Text
	✓	
		✓

12. Machen Sie Dialoge.

Nach Übung

10

im Kursbuch

Zusammen?   Ja, die ist sehr gut.   Ja, richtig.

Nein, getrennt.   Eine Flasche Mineralwasser.

Gibt es eine Gemüsesuppe?   ~~Was bekommen Sie?~~

Das macht 17 Euro 60. – Und Sie bezahlen den Wein und die Gemüsesuppe?

~~Bezahlen bitte!~~

Und was möchten Sie trinken?

Das Rindersteak und das Mineralwasser.

Und was bekommen Sie?   Mit Kartoffeln.

Was bezahlen Sie?

Dann bitte eine Gemüsesuppe und ein Glas Wein.   Ein Rindersteak, bitte.

Sechs Euro 90, bitte.   Mit Reis oder Kartoffeln?

a) ● _Was bekommen Sie?_____

■ _____

● ...

■ ...

b) ■ _Bezahlen bitte!_____

● _____

■ ...

● ...

Nach Übung

11

im Kursbuch

13. Schreiben Sie.

a) ● *Bekommen Sie das Hähnchen?*
   ■ *Nein, ich bekomme den Fisch.*

b) Obstsalat – Eis mit Sahne

c) Wein – Bier

d) Eis – Kuchen

e) Suppe – Käsebrot

f) Fisch – Kotelett

g) Kaffee – Tee

h) Kartoffeln – Reis

i) Hamburger – Fischplatte

Nach Übung

14

im Kursbuch

14. „Nicht", „kein" oder „ein"? Ergänzen Sie.

a) ● Wie ist die Suppe?   ■ Die schmeckt *nicht*_____ gut.

b) ● Möchtest du _____ Bier?   ■ Weißt du das _____ ? Ich trinke doch _____ Alkohol.

c) ● Gibt es noch Wein?   ■ Nein, wir haben _____ Wein mehr, nur noch Bier.

d) ● Nehmen Sie doch noch etwas.   ■ Nein danke, ich möchte _____ Fleisch mehr.

e) ● Möchten Sie _____ Kotelett?   ■ Nein danke, Schweinefleisch esse ich _____ .

f) ● Und jetzt noch _____ Teller Suppe!   ■ Nein danke, bitte _____ Suppe mehr.

g) ● Und zum Nachtisch dann _____ Apfelkuchen?   ■ Nein danke, _____ Kuchen, lieber _____ Eis.

h) ● Ich heiße López Martínez Camegeo.   ■ Wie bitte? Ich verstehe Sie _____ .

Nach Übung

14

im Kursbuch

15. Was können Sie auch sagen?

a) Ich nehme einen Wein.
   - A Ich bezahle einen Wein.
   - B Ich trinke einen Wein.
   - C Einen Wein, bitte.

b) Was möchten Sie?
   - A Bitte schön?
   - B Was bekommen Sie?
   - C Was bezahlen Sie?

c) Bitte bezahlen!
   - A Getrennt bitte.
   - B Wir möchten bezahlen.
   - C Und was bezahlen Sie?

d) Wie schmeckt die Suppe?
   - A Schmeckt die Suppe nicht?
   - B Schmeckt die Suppe?
   - C Wie ist die Suppe?

e) Das kostet 8,50 €.
   A Ich habe 8,50 €.
   B Ich bezahle 8,50 €.
   C Das macht 8,50 €.

f) Essen Sie doch noch etwas Fleisch!
   A Gibt es noch Fleisch?
   B Nehmen Sie doch noch etwas Fleisch!
   C Es gibt noch Fleisch. Nehmen Sie doch noch etwas!

g) Vielen Dank.
   A Danke.
   B Bitte schön.
   C Danke schön.

h) Danke, ich habe genug.
   A Danke, ich bin satt.
   B Danke, ich möchte nicht mehr.
   C Danke, der Fisch schmeckt sehr gut.

16. Ihre Grammatik. Ergänzen Sie.

Nach Übung **14** im Kursbuch

	antworten				
ich		fahre			
du			isst		
Sie				nehmen	
er/es/sie					mag
wir				nehmen	
ihr			esst		
Sie		fahren			
sie	antworten				

17. Ergänzen Sie.

Nach Übung **14** im Kursbuch

trinken	sein	schmecken	nehmen	essen	mögen

a) ●   Was _nimmst_ du denn?
b) ■   Ich _____ einen Fisch.
c) ●   Fisch? Der _____ aber nicht billig.
d) ■   Na ja, aber er _____ gut.
e)   Was _____ du denn?
f) ●   Ich _____ ein Hähnchen.
g) ■   Hähnchen? Das _____ du doch nicht.
h)   _____ doch lieber ein Kotelett!
i) ●   Das _____ Schweinefleisch, und
j)   Schweinefleisch _____ ich nie.
k) ■   Und was _____ du?
l) ●   Ich _____ ein Bier.
m) ■   Und ich _____ einen Orangensaft.

LEKTION 3

18. Was passt zusammen?

Nach Übung
14
im Kursbuch

A	Wer möchte noch ein Bier?		1	Vielen Dank.
B	Möchtest du noch Kartoffeln?		2	Nicht so gern, lieber Kartoffeln.
C	Haben Sie Gemüsesuppe?		3	Ich, bitte.
D	Das schmeckt sehr gut.		4	Danke, sehr gut.
E	Wie schmeckt es?		5	13,70 €.
F	Isst du gern Reis?		6	Ich glaube, Zwiebelsuppe.
G	Wie viel macht das?		7	Doch, das Fleisch ist fantastisch.
H	Schmeckt es nicht?		8	Nein, die ist zu scharf.
I	Ist das Rindfleisch?		9	Nein danke, ich bin satt.
J	Was gibt es zum Abendbrot?		10	Nein, Schweinefleisch.
K	Schmeckt die Suppe nicht?		11	Nein, aber Zwiebelsuppe.

A	B	C	D	E	F	G	H	I	J	K
3										

Nach Übung
15
im Kursbuch

19. Schreiben Sie zwei Dialoge.

Pichelsteiner Eintopf. Das ist Schweinefleisch mit Kartoffeln und Gemüse.

Ja, noch etwas Fleisch und Gemüse, bitte.

Möchten Sie noch mehr?

Der Eintopf schmeckt wirklich gut.

Wie schmeckt's? ~~Danke, Ihnen auch.~~

Nehmen Sie doch noch einen.

~~Guten Appetit!~~ Danke, sehr gut. Wie heißt das?

~~Guten Appetit!~~

Danke. Ein strammer Max ist genug. ~~Schmeckt's?~~

~~Danke.~~ Strammer Max. Brot mit Schinken und Ei.

Ja, fantastisch. Wie heißt das?

Das schmeckt wirklich gut.

a) ● *Guten Appetit!*
    ■ *Danke.*
    ● *Wie*
    ■ ...

b) ● *Guten Appetit!*
    ■ *Danke, Ihnen auch.*
    ● *Schmeckt's?*
    ■ *Ja,*
    ● ...

54 vierundfünfzig

20. Ergänzen Sie.

Nach Übung

16

im Kursbuch

a) Ich esse den Kuchen. _Er_ ist sehr süß, aber _er_ schmeckt gut.
b) Den Wein trinke ich nicht. _____ ist zu trocken.
c) Die Limonade trinke ich nicht. _____ ist zu warm.
d) Ich esse das Steak. _____ ist teuer, aber _____ schmeckt gut.
e) Die Marmelade esse ich nicht. _____ ist zu süß, _____ schmeckt nicht gut.
f) Ich trinke gern Bier. _____ schmeckt gut, und _____ ist nicht so teuer.
g) Die Kartoffeln esse ich nicht. _____ sind kalt.
h) Der Salat schmeckt nicht. _____ ist zu salzig.

21. Welche Antwort passt?

Nach Übung

16

im Kursbuch

a) Essen Sie gern Fisch?
   A Nein, ich habe noch genug.
   B Ja, aber Kartoffeln.
   C Ja, sehr gern.

b) Was möchten Sie trinken?
   A Eine Suppe, bitte.
   B Einen Tee.
   C Lieber einen Kaffee.

c) Möchten Sie den Fisch mit Reis?
   A Lieber das Steak.
   B Ich nehme lieber Fisch.
   C Lieber mit Kartoffeln.

d) Bekommen Sie das Käsebrot?
   A Nein, ich bekomme ein Hähnchen.
   B Ja, das trinke ich.
   C Ja, das habe ich.

e) Nehmen Sie doch noch etwas!
   A Ja, ich bin satt.
   B Nein danke, ich habe genug.
   C Es schmeckt fantastisch.

f) Die Suppe ist fantastisch.
   A Vielen Dank.
   B Ist die Suppe gut?
   C Die Suppe schmeckt gut.

22. Was passt?

Nach Übung

17

im Kursbuch

		a) Milch	b) Joghurt	c) Aufschnitt	d) Pizza	e) Obst	f) Bier	g) Spülmittel	h) Öl	i) Zucker	j) Fleisch	k) Zwiebeln	l) Kuchen	m) Marmelade	n) Kaffee	o) Tomaten	p) Kartoffeln
A	Flasche																
B	Glas																
C	Dose																
D	Kiste																
E	500 Gramm																
F	ein Pfund / Kilo																
G	ein Liter																
H	ein Stück																

Nach Übung
17
im Kursbuch

23. Schreiben Sie.

a) _achtundneunzig_ _____ 98
b) _____ sechsunddreißig _____ _36_
c) _____ 23
d) _____ 149
e) _____ 777
f) _____ 951
g) _____ dreihundertzweiundachtzig ___ ____
h) _____ 565
i) _____ 250
j) _____ 500

Nach Übung
19
im Kursbuch

24. Tragen Sie die folgenden Sätze in die Tabelle ein.

a) Ich trinke abends meistens eine Tasse Tee.
b) Abends trinke ich meistens Tee.
c) Tee trinke ich nur abends.
d) Meine Kinder möchten Landwirte werden.
e) Markus möchte für Inge ein Essen kochen.
f) Was möchten Sie?
g) Das Brot ist alt und hart.
h) Ich bin jetzt satt.

	Vorfeld	$Verb_1$	Subj.	Angabe	Ergänzung	$Verb_2$
a)	Ich	trinke		abends meistens	eine Tasse Tee.	
b)						
c)						
d)						
e)						
f)						
g)						
h)						

Nach Übung
21
im Kursbuch

25. Suchen Sie Wörter aus Lektion 3. Es sind 38. Wie viele finden Sie in zehn Minuten?

A	X	S	E	C	U	X	A	N	M	A	R	M	E	L	A	D	E	O	A	D	K	A	F	F	E	E	D	G	B	O	H	N	E	N	K
S	A	F	T	G	V	B	D	O	I	K	E	E	L	O	S	N	C	B	G	X	U	L	K	O	H	H	A	A	X	B	F	P	M	Q	O
T	C	B	F	H	G	A	B	E	L	J	I	S	X	F	M	Y	F	V	P	B	C	K	V	N	X	B	W	A	S	S	E	R	Q	A	L
E	I	R	L	S	J	W	U	H	C	I	S	S	M	F	G	K	I	P	A	Q	H	A	H	N	C	H	E	N	F	T	F	R	D	O	S
A	T	O	Z	A	L	N	T	G	H	E	D	E	V	E	E	C	S	U	P	P	E	S	J	U	W	I	I	E	J	Y	B	B	O	C	C
K	O	T	E	L	E	T	T	P	I	L	S	R	B	L	M	K	C	Z	F	H	N	E	K	D	E	G	N	A	C	H	T	I	S	C	H
B	E	X	P	O	R	T	E	T	L	I	A	Z	I	V	Ü	F	H	D	E	I	S	L	M	E	H	L	D	W	E	Z	S	D	E	N	U
W	U	R	S	T	O	E	R	I	N	D	F	L	E	I	S	C	H	S	L	T	M	Y	O	L	V	C	R	M	X	Z	U	C	K	E	R
M	W	P	R	S	E	F	W	A	U	I	E	Y	R	V	E	G	J	E	H	L	F	U	K	N	T	G	L	Z	T	H	J	U	D	A	T
A	L	T	B	I	E	R	A	N	Y	T	A	R	T	A	N	D	E	M	A	ß	D	R	U	G	E	E	W	E	I	S	S	B	I	E	R

Vocabulary

verbs

anfangen	to start, to begin	mitkommen	to come along
anziehen	to put on (clothes)	müssen	must, to have to
aufhören	to stop (doing sth)	ordnen	here: to arrange
aufmachen	to open	Rad fahren	to cycle
aufräumen	to tidy up	rauchen	to smoke
aufstehen	to get up	schlafen	to sleep
bedienen	to wait on, to serve	schneiden	to cut
beschreiben	to describe	schwimmen	to swim
bringen	to bring	sehen	to see
dürfen	to be allowed to	spazieren gehen	to go for a walk
duschen	to have a shower	stattfinden	to take place
einkaufen	to shop	stören	to disturb
einladen	to invite	tanzen	to dance
faulenzen	to laze about	tauschen	to change, to exchange
feiern	to celebrate		
fernsehen	to watch TV	treffen	to meet
fotografieren	to take photos	vergessen	to forget
frühstücken	to have breakfast	vergleichen	to compare
holen	to get, to fetch	vorbereiten	to prepare
kontrollieren	to check	vorhaben	to have sth planned, to plan
können	can		
messen	to measure	zeichnen	to draw
mitbringen	to bring along	zuhören	to listen to

nouns

r Abend, -e	evening	r Film, -e	film
e Ansichtskarte, -n	picture postcard	r Freitag, -e	Friday
e Arbeit, -en	work	e Freizeit	leisure time
r Ausflug, ⸚e	outing	e Frisörin, -nen	female hairdresser
r Bäcker	baker	r Frisör, -e	male hairdresser
e Bank, -en	bank	r Gast, ⸚e	guest
e Bar, -s	bar	r Gruß, ⸚e	greeting
e Bibliothek, -en	library	r Juli	July
s Buch, ⸚er	book	e Kellnerin, -nen	waitress
s Café, -s	coffee shop	r Kellner, -	waiter
e Diskothek, -en	disco	s Kino, -s	cinema
r Donnerstag, -e	Thursday	s Kleid, -er	dress
e Dusche, -n	shower	s Konzert, -e	concert
r Eintritt	entry	s Krankenhaus, ⸚er	hospital
s Essen	meal	e Kranken-schwester, -n	female nurse
s Fernsehen	television		
s Fieber	temperature, fever	e Lehrerin, -nen	female teacher

LEKTION 4

r Lehrer, -	*male teacher*	r Satz, ⸚e	*sentence*
e Mannschaft, -en	*team*	s Schild, -er	*sign*
e Maschine, -n	*machine,*	s Schwimmbad, ⸚er	*swimming pool*
	here: *engine*	e Situation, -en	*situation*
s Meer, -e	*sea*	r Sonnabend, -e	*Saturday*
r Mensch, -en	*man, human being,*	r Sonntag, -e	*Sunday*
	person	r Spaziergang, ⸚e	*walk*
r Mittag, -e	*midday*	r Tanz, ⸚e	*dance*
s Mittagessen, -	*lunch, midday meal*	e Torte, -n	*gateau*
r Mittwoch, -e	*Wednesday*	e Uhrzeit, -en	*time (of day)*
r Montag, -e	*Monday*	r Verband, ⸚e	*bandage*
e Musik	*music*	s Viertel, -	*quarter*
r Passagier, -e	*passenger*	r Vortrag, ⸚e	*talk, speech*
e Pause, -n	*break*	e Wohnung, -en	*flat, apartment*
s Restaurant, -s	*restaurant*	e Zeitung, -en	*newspaper*
r Samstag, -e	*Saturday*	e Zigarette, -n	*cigarette*

adjectives

geöffnet	*open*	nett	*nice*
geschlossen	*closed*	obligatorisch	*obligatory*
herrlich	*wonderful, great*	spät	*late*
leise	*quiet*	verboten	*forbidden*
nächst-	*next*		

adverbs

heute	*today*	morgen	*tomorrow*
immer	*always*	nie	*never*
meistens	*mostly*	vielleicht	*perhaps*

function words

auf	*on*	von ... bis	*from ... until*
bis	*until*	wann?	*when?*
gegen	*versus, against*	warum?	*why?*
gegen	*around (time)*	wie lange?	*how long?*
jemand	*someone*	zwischen	*between*
nach	here: *to*		

expressions

Achtung!	*careful! attention!*	leidtun	*to be sorry*
Betten machen	*to make the beds*	lieber/liebe/liebes ...	*dear...*
das nächste Mal	*next time*	Lust haben	*to feel like, to want*
ein Sonnenbad	*to sunbathe*	morgen früh	*tomorrow morning*
nehmen		Pause machen	*to take a break*
freihaben	*to have time off*	Schön.	here: *all right*
Herzliche Grüße	*kindest regards*	Tschüs!	*See you!*

Grammar

1. Modal verbs (§ 25 p. 139, § 35 p. 142)

ex.
3
8
9
23
25

In chapter 3 you learnt the modal verb *möchten* and the word order of sentences with modal verbs. In this chapter you are introduced to three more modal verbs: *dürfen, können, müssen.*

	dürfen	können	müssen
ich	darf	kann	muss
du	darfst	kannst	musst
er, sie, es	darf	kann	muss
wir	dürfen	können	müssen
ihr	dürft	könnt	müsst
sie, Sie	dürfen	können	müssen

They are also used together with the infinitive of another verb.

dürfen   is used to express that something is allowed, or when used in the negative that something is forbidden.
Sie dürfen hier rauchen.   You are allowed to (you may) smoke here.
Sie dürfen hier nicht rauchen.   You must not smoke here.

können   is used
1. to express that something is possible.
Hier kann man Bücher lesen.   You can (it is possible to) read here.
2. to express that someone is able to do something.
Peter kann gut lesen.   Peter can (is able to) read well.
3. to express that something is permitted.
Kann ich fernsehen?   Can I (am I allowed to) watch television?
können therefore corresponds to the English *can*.

müssen   is used to express an obligation or a necessity.
Eva muss um 7 Uhr aufstehen.   Eva must (has to) get up at 7 o'clock.
When used in the negative it expresses that there is no obligation or necessity.
Du musst nicht einkaufen gehen. Wir haben noch genug Brot.
You don't have to (need not) go shopping. We still have enough bread.

Remember: *nicht müssen* means *not to have to*. It does <u>not</u> mean *must not.*

möchten: is used to express a wish.
Ich möchte gern bestellen.   I would like to order.

1.1. Exercise:

Please translate the following sentences into German using the verbs *müssen* und *dürfen*.

a) Manuela has to get up at 7 o'clock. _____

b) Ilona is going for a walk. She does not have to work. _____

c) Monika is asleep. You must not disturb her. _____

d) Dad, can I go swimming? _____

e) Willi must also work in the evenings. _____

f) You must not smoke here. _____

2. Sentence structures

2.1. Separable verbs (§ 27 p. 139, § 36 p. 142)

ex.
7
12

Some German verbs are made up of two parts: a prefix and a verb, e.g.:

| anfangen | einkaufen | mitkommen | vorbereiten |
| aufstehen | fernsehen | stattfinden | zuhören |

These verbs are called separable because when used in a sentence they separate into two parts. The conjugated verb takes the position verb 1, the prefix takes the position verb 2 at the end of the sentence. Again a bracket is formed as in the construction with the modal verbs (see chapter 3, 5.2).

preverbal position	verb 1	subject	qualifiers	complement	verb 2
Wann	fängt	der Kurs			an?
Sie	steht		um acht Uhr		auf.
Hier	kaufen	wir	immer		ein.
Er	bereitet			das Frühstück	vor.

When separable verbs are used in the infinitive, e.g. in conjunction with a modal verb, they do not separate.

preverbal position	verb 1	subject	qualifiers	complement	verb 2
Ich	möchte		heute		fernsehen.

There are also verbs with an inseparable prefix. Those you have already come across begin with be-, er-, ver-, e.g.:

| bekommen | erzählen | verstehen |

preverbal position	verb 1	subject	qualifiers	complement	verb 2
Was	bekommen	Sie?			
	Erzählen	Sie	bitte!		
Denise	versteht		gut	Deutsch.	

2.2. Verbs as complements (§ 47 p. 146)

So far you have been introduced to sentences where the complement was a noun.
There are, however, complements that are verbs. *Gehen* often has a verb as a complement.

preverbal position	verb 1	subject	qualifiers	complement	verb 2
Ich	gehe		gern	tanzen.	
Ich	möchte		gern	tanzen	gehen.
Ich	gehe		heute Abend	ein Bier trinken.	
Ich	möchte		heute Abend	ein Bier trinken	gehen.

Tanzen as the complement of *gehen* takes the complement position.
If there is a modal verb in addition to the two verbs *gehen* and *tanzen* the modal verb takes the position verb 1, *tanzen* remains in the complement position and *gehen* in the infinitive takes the position verb 2.

3. Verbs with vowel change (§ 23 p. 138)

ex.
5
6

In chapter 3 you were introduced to verbs whose stem changes in the second (du) and third (er, sie, es) person singular in the present tense. Here are more verbs that belong to the same group.

infinitive	first person	second person	third person	plural
einladen	ich lade ein	**du lädst ein**	**er lädt ein**	…
fernsehen	ich sehe fern	**du siehst fern**	**er sieht fern**	…
lesen	ich lese	**du liest**	**er liest**	…
messen	ich messe	**du misst**	**er misst**	…
Rad fahren	ich fahre Rad	**du fährst Rad**	**er fährt Rad**	…
schlafen	ich schlafe	**du schläfst**	**er schläft**	…
sprechen	ich spreche	**du sprichst**	**er spricht**	…
treffen	ich treffe	**du triffst**	**er trifft**	…
vergessen	ich vergesse	**du vergisst**	**er vergisst**	…

4. Indefinite pronouns: man, jemand

The indefinite pronoun *man* is used if we want to make a general statement about everybody or an indefinite number of people. In English it is expressed by *one, they, you, people.*
In Deutschland trinkt man viel Bier. In Germany people drink a lot of beer.
Hier kann man Geld tauschen.   You can change money here.
Man muss hier warten.   One has to wait here.

Man is always in the third person singular.

Jemand is used for a specific but unknown person, male or female. It is translated into English as *someone* or *somebody*.

Im Zimmer liest jemand ein Buch.   Somebody is reading a book in the room.

ex.
15
16
17
19
(21)

5. Telling the time

The following expressions are used when answering questions beginning with *wann?* (when?) or *um wieviel Uhr?* (at what time?).

Wann kommt er?   – Um sieben (Uhr).

Um wieviel Uhr kommt er?   – Heute Abend, heute Mittag, heute Morgen …
      – Am Morgen, am Nachmittag, am Abend …
      – Morgens, mittags, abends …
      – Am Donnerstag, am Freitag …
      – Donnerstags, montags, dienstags …
      – Donnerstagnachmittag, Donnerstagabend …
      – Heute, morgen, übermorgen …

Remember: *morgens, mittags, abends, donnerstags,* … are only used when referring to activities that happen regularly.

The following expressions are used when answering questions beginning with *wie lange?* (how long?).

Wie lange arbeitet er?   – Bis 16.00 Uhr, bis morgen, bis Montag …
      – Von sieben bis zehn.
      – Zwei Stunden, Tage, Monate, Jahre …
      – Zwischen 9.00 und 10.00 Uhr.

6. Particles

So far you have come across the particles *denn* and *aber* (chapter 1) and *doch* (chapter 3). Spoken German is full of particles. They make the language livelier and more colourful and make it sound less harsh and impersonal.

Particles have many different meanings and their correct use is a constant challenge for the language learner. Grammatically they are not part of the sentence and could strictly speaking be omitted. That would, however, (slightly) change the tone of the sentence. If particles are used in a sentence they appear mostly directly after the conjugated verb or after the subject if used in a question.

Du sprichst **aber** gut Deutsch.

Wohin fährt Herr Müller **denn**?

aber	Sie sprechen **aber** schon gut Deutsch.	expression of astonishment, surprise
	Das ist **aber** verboten.	expression of reproach
also	● Ich habe keine Lust. Vielleicht morgen.	
	■ **Also**, dann tschüs.	expression which sums up and ends a short conversation.

dann ... eben	● Hier darf man nicht rauchen. ■ Gut, **dann** höre ich **eben** auf.	expresses resigned acceptance of a situation
denn	Was machen Sie **denn** da?	implies a lively interest on the part of the questioner
doch	● Hans kann nicht schwimmen. ■ Das stimmt **doch** nicht. Er kann schwimmen.	contradicts another speaker's negative statement
doch (mal)	Sag **doch (mal)**. Hast du heute Abend schon was vor?	makes imperatives (requests) sound more friendly

6.1. Exercise:

Add the correct particles to the dialogue.

● Wie heißen Sie?

■ Evans.

● Wie ist _____ Ihr Vorname?

■ Gary.

● Sie sind _____ Gary Evans.

● Was machen Sie _____ da?

■ Ich rauche.

● Das ist _____ verboten.
Sie sehen _____ das Schild.

■ Gut, _____ höre ich
_____ auf.

LEKTION 4

Nach Übung

4

im Kursbuch

1. Was passt?

Bank	Kino	Bäcker	Bibliothek	Café	Schwimmbad	Friseur	Geschäft

a) Kuchen, Brot, Torte, backen: _____
b) Bücher, Zeitungen lesen: _____
c) Kuchen essen, Kaffee trinken: _____
d) Sonnenbad, schwimmen, Wasser: _____
e) Film sehen, dunkel: _____
f) frisieren, Frau, Mann: _____
g) Geld haben, wechseln, €: _____
h) kaufen, verkaufen, bezahlen: _____

Nach Übung

4

im Kursbuch

2. Was machen die Leute?

a) *Musik hören* _____   b) _____   c) _____   d) _____

e) _____   f) _____   g) _____   h) _____

i) _____   j) _____   k) _____   l) _____

3. Was muss, kann, darf, möchte Eva hier (nicht)? Welche Sätze passen?

Nach Übung
5
im Kursbuch

> Eva muss hier warten. Eva darf hier nicht fotografieren. Hier darf Eva rauchen.
>
> Hier darf Eva kein Eis essen. Hier darf Eva nicht rauchen. Eva möchte fotografieren.
>
> Eva muss aufstehen. Eva kann hier ein Eis essen. Eva möchte nicht rauchen.

a) _____

b) _____

c) _____

d) _____

e) _____

f) _____

g) _____

h) _____

i) _____

4. Ein Wort passt nicht.

Nach Übung
5
im Kursbuch

a) duschen – spülen – schwimmen – schlafen – waschen
b) Friseur – Arbeit – Passagier – Gast – Kellner
c) Krankenhaus – Maschine – Bibliothek – Gasthaus – Café
d) zeichnen – rauchen – trinken – essen – sprechen
e) sehen – hören – schmecken – essen
f) bezahlen – Geld ausgeben – stören – Geld wechseln – einkaufen
g) Foto – Bild – Musik – Film

Nach Übung

5

im Kursbuch

5. Ergänzen Sie.

a) Wolfgang (schlafen) _____ noch.

b) Frau Keller (lesen) _____ eine Zeitung.

c) (sehen) _____ du das Schild nicht? Hier darf man nicht rauchen.

d) (fernsehen) _____ du noch _____ , oder möchtest du lesen?

e) Er (sprechen) _____ sehr gut Deutsch.

f) (sprechen) _____ du Spanisch?

g) Sie (fahren) _____ gerne Ski.

h) (schlafen) _____ du schon?

i) Frau Abel (fahren) _____ heute nach Leipzig.

j) (essen) _____ du das Steak oder (nehmen) _____ du das Kotelett?

Nach Übung

5

im Kursbuch

6. Ihre Grammatik. Ergänzen Sie.

	lesen	essen	schlafen	sprechen	sehen
ich	lese				
du					
er, sie, es, man					
wir					
ihr					
sie, Sie					

Nach Übung

7

im Kursbuch

7. Ergänzen Sie die Verben.

aufmachen   aufhören   zuhören   machen   fernsehen   ~~aufstehen~~

einkaufen   ~~hören~~   kaufen   sehen   ausgeben

a) Ich _stehe_____ jetzt _auf_____ . Möchtest du noch schlafen?

b) _Hören_____ Sie die Kassette _____–_____ und spielen Sie den Dialog.

c) ● Was machst du?   ■ Ich _____ _____ . Der Film ist sehr gut.

d) Ich _____ das Auto nicht _____ . Ich habe nicht genug Geld.

e) _____ du bitte die Flasche _____ ? Ich kann das nicht.

f) _____ du bitte ein Foto _____ ? Hier ist die Kamera.

g) ● _____ du heute _____ ?   ■ Ja, gern! Was brauchen wir denn?

h) Hier dürfen Sie nicht rauchen. _____ Sie bitte _____ !

i) Bitte seien Sie leise und _____ Sie _____ . Vera spielt doch Klavier!

j) _____ du das Schild nicht _____ ? Du darfst hier kein Eis essen.

k) Für sein Auto _____ er viel Geld _____ .

8. „Müssen", „dürfen", „können", „möchten". Ergänzen Sie.

Nach Übung
9
im Kursbuch

a) ● Mama, _____ ich noch
   fernsehen?
   ■ Nein, das geht nicht. Es ist schon sehr
   spät. Du _____ jetzt schlafen.

b) ● Papa, wir _____ ein Eis essen.
   ■ Nein, jetzt nicht. Wir essen gleich.

c) ● Mama, _____ wir jetzt spielen?
   ■ Nein, ihr _____ erst das
   Geschirr spülen, dann _____
   ihr spielen.

d) ● Mama, ich _____ fotografie-
   ren. _____ ich?
   ■ Aber du _____ doch gar nicht
   fotografieren!

e) ● Papa, _____ ich Klavier
   spielen?
   ■ Ja, aber du _____ leise
   spielen. Mama schläft.

9. Ihre Grammatik. Ergänzen Sie.

Nach Übung
9
im Kursbuch

A.

	möchten	können	dürfen	müssen
ich				
du				
er, sie, es, man				
wir				
ihr				
sie, Sie				

B. a) Nils macht die Flasche auf.
   b) Nils möchte die Flasche aufmachen.
   c) Macht Nils die Flasche auf?
   d) Möchte Nils die Flasche aufmachen?
   e) Wer macht die Flasche auf?
   f) Wer möchte die Flasche aufmachen?

	Vorfeld	Verb$_1$	Subjekt	Angabe	Ergänzung	Verb$_2$
a)	Nils	macht				
b)						
c)						
d)						
e)						
f)						

10. Was passt zusammen?

A	Hallo, was macht ihr da?	1	Warum nicht? Wir stören hier doch nicht.
B	Sie dürfen hier nicht rauchen!	2	Bitte nur eine Zigarette. Dann höre ich auf.
C	Stehen Sie bitte auf!	3	Ich kann doch nicht lesen.
D	Darf man hier fotografieren?	4	Warum? Ist das Ihr Stuhl?
E	Ihr könnt hier nicht warten!	5	Wir schwimmen. Ist das verboten?
F	Schwimmen ist hier verboten! Siehst du das Schild nicht?	6	Nein, das ist verboten!
G	Ihre Musik stört die Leute. Sie müssen leise sein.	7	Warum das? Hier darf man doch Radio hören!

A	B	C	D	E	F	G

11. Was passt?

einen Verband   Musik   einen Brief   einen Schrank   eine Frage

einen Gast   eine Bar   Betten   ein Schwein

eine Idee   einen Spaziergang   eine Bestellung   Kartoffelsalat

einen Film   eine Kartoffel   eine Torte   ein Krankenhaus

einen Kaffee   das Abendessen

einen Beruf   einen Fehler   eine Reise   Pause   das Frühstück

ein Kotelett   die Arbeit   eine Adresse   Käse

einen Verband _____ | machen

_____

_____

_____

_____

_____

…

12. Schreiben Sie.

Nach Übung
13
im Kursbuch

a) Renate: ein Buch lesen   –   fernsehen
   ● *Renate liest ein Buch. Möchtest du auch ein Buch lesen?*
   ■ *Nein, ich sehe lieber fern.*

b) Jochen: um sieben Uhr aufstehen   –   erst um halb acht aufstehen.
c) Klaus und Bernd: Tennis spielen   –   Fußball spielen
d) Renate: einen Spaziergang machen   –   fernsehen
e) wir: Radio hören   –   einen Spaziergang machen
f) Müllers: ein Sonnenbad nehmen   –   die Küche aufräumen
g) Maria: fernsehen   –   Klavier spielen

13. „Schon", „noch" oder „erst"? Ergänzen Sie.

Nach Übung
15
im Kursbuch

a) Um 6.00 Uhr schläft Ilona Zöllner _____ . Willi Rose steht dann _____
   auf. Ilona Zöllner steht _____ um 8.00 Uhr auf.
b) Monika Hilger möchte _____ um 21.00 Uhr schlafen. Da sieht Klaus Schwarz
   _____ fern.
c) Um 6.30 Uhr frühstückt Willi Rose, Ilona Zöllner _____ um 9.30 Uhr.
d) Um 23.00 Uhr tanzt Ilona Zöllner _____ , Monika Hilger schläft dann _____ .

14. Was passt nicht?

Nach Übung
16
im Kursbuch

a) Reise – Achtung – Ausflug – fahren – Auto
b) Musik – Mannschaft – Konzert – Orchester
c) Pause – Gast – einladen – essen – trinken
d) Mensch – Leute – Person – Frauen
e) Tanz – Musik – Film – Diskothek
f) Geschäft – geöffnet – geschlossen – anfangen
g) stattfinden – Konzert – geöffnet – Veranstaltung – anfangen

15. Wann? Wie lange?

Nach Übung
16
im Kursbuch

~~bis 1.00 Uhr~~	vier Tage	morgens	zwei Jahre	von 9.00 bis 17.00 Uhr
~~um 20.00 Uhr~~	heute	morgen	zwischen 5.00 und 6.00 Uhr	bis 3.00 Uhr
abends	zwei Monate	mittags	am Mittwoch	bis Mittwoch morgen um halb acht

Wann?	Pause machen	Wie lange?	Pause machen
um 20.00 Uhr	Zeit haben	*bis 1.00 Uhr*	Zeit haben
	arbeiten		arbeiten
_____	geöffnet sein	_____	geöffnet sein
...	stattfinden	...	warten
	anfangen		

Nach Übung

17

im Kursbuch

16. Wann fahren die Züge?

Deutsche Bahn

Frankfurt – Dresden		
ab	Zug	an
07.20	ICE 1555	11.47
08.09	ICE 1501	12.48

Hamburg – Berlin		
ab	Zug	an
08.08	ICE 1517	10.14
11.08	EC 175	13.31

Stuttgart – München		
ab	Zug	an
09.58	IC 2295	12.18
10.12	ICE 513	12.25

Lübeck – Rostock		
ab	Zug	an
09.03	RE 11609	10.54
18.03	RE 33415	19.57

Münster – Bremen		
ab	Zug	an
18.56	EC 100	20.11
20.56	EC 6	22.15

Kiel – Flensburg		
ab	Zug	an
17.41	RE 11526	18.52
20.41	RE 11532	21.52

a) Der ICE 1555 fährt um sieben Uhr zwanzig in Frankfurt ab und ist um elf Uhr siebenundvierzig in Dresden.

b) Der ICE 1501 fährt um ...

c) Der ICE 1517 fährt um ...

...

Nach Übung

18

im Kursbuch

17. Schreiben Sie Dialoge.

● *Komm, wir müssen gehen!*
Das Kino fängt um fünf Uhr an.
■ *Wir haben noch Zeit. Es ist erst*
Viertel nach vier.

a) Gymnastik b) Vortrag c) Fotokurs d) Tennis-spiel e) Tanzver-anstaltung f) Diskothek

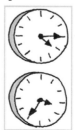

18. Ordnen Sie die Antworten.

Nach Übung
20
im Kursbuch

Ich habe keine Lust!   Tut mir leid, das geht nicht!   Ich weiß noch nicht!   Gut!

Vielleicht!   Gern!   Na gut!   Leider nicht!   Kann sein!   Ich mag nicht!

In Ordnung!   ~~Na klar!~~   Ich kann nicht!   Ich habe keine Zeit!   Die Idee ist gut!

ja	nicht ja und nicht nein	nein
Na klar!		

19. „Wann?", „wie lange?", „wie spät?", „wie oft?", „wie viel?" / „wie viele?". Fragen Sie.

Nach Übung
20
im Kursbuch

a) *Um acht Uhr* stehe ich meistens auf.
b) Ich trinke morgens *vier Tassen* Kaffee.
c) Ich gehe *zweimal pro Monat* schwimmen.
d) Meine Wohnung kostet *470 Euro pro Monat*.
e) Ich wohne schon *vier Jahre* in Erfurt.
f) Es ist schon *vier Uhr*. Ich muss jetzt gehen.
g) Ich sehe abends *bis elf Uhr* fern.
h) Ich rauche *nur abends*.
i) Ich bin *von Freitag bis Sonntag* in Köln.
j) Ich mache *jedes Jahr* eine Reise.
k) Ihre Wohnung hat *drei* Zimmer.

20. Schreiben Sie einen Dialog.

Nach Übung
20
im Kursbuch

Warum fragst du?   Tut mir leid, ich muss heute arbeiten.

Schade. Und morgen Nachmittag?   Ich möchte gern schwimmen gehen. Kommst du mit?

Sag mal, Hans, hast du heute Nachmittag Zeit?   Ja, gern. Da kann ich.

● *Sag mal,* _____
■ _____
● _____
■ _____
● _____
■ _____

Nach Übung

22

im Kursbuch

21. Ergänzen Sie.

nachmittags				morgens
abends	morgen Mittag	morgen Nachmittag	morgen Abend	morgen früh mittags

a) _____ um zwanzig Uhr gehe ich ins Kino. Es gibt einen Film mit Gary Cooper.

b) Ich stehe _____ immer sehr früh auf.

c) _____ um sechzehn Uhr gehe ich mit Bärbel einkaufen.

d) Ich arbeite nur morgens, _____ habe ich meistens frei.

e) Ich gehe spät schlafen. Ich sehe _____ oft bis 23 Uhr fern.

f) _____ muss ich um sieben Uhr aufstehen. Ich möchte mit Sibylle zusammen frühstücken.

g) _____ haben wir immer von zwölf bis vierzehn Uhr Pause. Dann gehe ich meistens nach Hause und koche etwas.

h) _____ muss ich nicht kochen. Ich gehe mit Jens um zwölf Uhr essen.

Nach Übung

22

im Kursbuch

22. „Da" hat zwei Bedeutungen. Welche Bedeutung hat „da" in den Sätzen a–f?

Wo? → Da! („da" = Ort)   Wann? → Da! („da" = Zeitpunkt)

a) Der Gasthof Niehoff ist sehr gut. Da kann man fantastisch essen.

b) Um 20 Uhr gehe ich mit Monika tanzen. Da habe ich leider keine Zeit.

c) Das Schwimmbad ist sehr schön. Da kann man gut schwimmen.

d) Der Supermarkt „Harms" ist billig. Da kann man gut einkaufen.

e) Montagabend kann ich nicht. Da gehe ich mit Vera essen.

f) ● Was machst du morgen Abend?   ■ Da gehe ich ins Konzert.

	Satz a)	Satz b)	Satz c)	Satz d)	Satz e)	Satz f)
„da" = Ort						
„da" = Zeitpunkt						

Nach Übung

22

im Kursbuch

23. „Können" oder „müssen"? Was passt?

a) Herr Werner _____ morgens nach Frankfurt fahren, denn er arbeitet in Frankfurt und wohnt in Hanau.

b) Frau Herbst _____ heute leider nicht ins Kino gehen. Sie hat Gäste und _____ kochen.

c) Petra _____ die Wohnung nicht nehmen. Denn 360 Euro _____ sie nicht bezahlen.

d) Willi Rose ist Kellner. Er _____ schon um sechs Uhr aufstehen.

e) Gerd hat heute frei. Er _____ nicht um sieben Uhr aufstehen. Er _____ bis zehn Uhr schlafen.

f) Frau Herbst _____ nur nachmittags einkaufen gehen, denn morgens _____ sie arbeiten.

g) Im Gasthof Niehoff _____ man bis 22 Uhr abends essen.

24. Was passt nicht?

Nach Übung

24

im Kursbuch

a) Tschüs – Herzliche Grüße – Guten Tag – Sonntag – Herzlich willkommen – Guten Abend
b) Zimmer – Raum – Wohnung – Haus – Situation
c) Brief – Ansichtskarte – schreiben – lesen – hören
d) Ski fahren – abfahren – Tennis spielen – Fußball spielen – Rad fahren – spazieren gehen
e) heute – morgens – abends – nachmittags – mittags
f) nie – groß – oft – immer – meistens
g) wann? – wie lange? – wo? – wie oft? – wie spät?

25. „Können" (1), „können" (2) oder „dürfen"?

Nach Übung

25

im Kursbuch

„können" (1):	„können" (2):

Er kann nicht Ski fahren.
Er lernt Ski fahren.

Sie kann diese Woche nicht Ski fahren.

Hier kann sie nicht Ski fahren. Es gibt keinen Schnee.

a) Hier _____ ( )
man nicht schwimmen.

b) Er _____ ( )
noch nicht gehen.

c) Sie _____ ( )
nicht ins Kino gehen.

d) Er _____ ( )
nicht schwimmen.

e) Hier _____ ( )
sie nicht parken.

f) Hier _____ ( )
man essen.

Nach Übung

25

im Kursbuch

26. Was stimmt hier nicht? Vergleichen Sie Text und Bild.

a) 10.00 Uhr

b) 11.30 Uhr

c) 12.30 Uhr

d) 13.00 Uhr

e) 14.00 Uhr

f) 17.00 Uhr

g) 23.00 Uhr

h) 1.00 Uhr

Grömitz, 4. 8. 02

Lieber Mathias,

die Zeit hier ist nicht sehr schön. Ich stehe schon um sieben Uhr auf und gehe morgens spazieren. Man kann hier nicht viel machen: nicht schwimmen, nicht Tischtennis spielen, und man trifft keine Leute. Es gibt auch kein Kino, keine Bar und keine Diskothek. Ich esse hier fast nichts, denn das Essen schmeckt nicht gut. Nachmittags lese ich Bücher oder ich schreibe Briefe. Abends sehe ich meistens fern und gehe schon um neun Uhr schlafen.

Herzliche Grüße

deine Babsi

A. Schreiben Sie.

Was macht Babsi?

a) _Sie steht erst um zehn Uhr auf._
b) _Um halb zwölf spielt sie_
c) …

Was schreibt Babsi?

Ich stehe schon um sieben Uhr auf.
Ich gehe

B. Schreiben Sie jetzt den Brief richtig.

Grömitz, 4. 8. 02

Lieber Mathias,
die Zeit hier ist fantastisch. Ich stehe erst …

Vocabulary

verbs

anrufen	to call, to telephone	informieren	to inform
aussehen	to look (appearance)	leihen	to lend, here: to rent
baden	to have a bath	liegen	to be (to be situated)
bauen	to build a house	suchen	to look for
buchen	to book	tun	to do
diskutieren	to discuss	umziehen	to move house
einziehen	to move in	verbieten	to prohibit, to forbid
finden	to find, to think about	verdienen	to earn
		wollen	to want
herstellen	to produce		

nouns

s Appartement, -s	flat, apartment	e Miete, -n	rent
s Arbeitszimmer, -	study	r Mietvertrag, ⁓e	lease, rent agreement
r Aufzug, ⁓e	lift, elevator	e Mutter, ⁓	mother
s Bad, ⁓er	bathroom	r Nachbar, -n	neighbour
r Balkon, -e/-s	balcony	e Natur	nature
s Dach, ⁓er	roof	e Nummer, -n	number
s Ehepaar, -e	married couple	r Quadratmeter, -	square metre
s Einkommen, -	income	r Raum, ⁓e	room
s Ende	end	s Reisebüro, -s	travel agency
s Erdgeschoss, -e	ground floor	e Rezeption	(hotel) reception
e Erlaubnis, -se	permission	e Ruhe	peace, quiet
e Familie, -n	family	s Schlafzimmer, -	(master) bedroom
s Fenster, -	window	r Schreibtisch, -e	desk
r Flur, -e	hall	r Sessel, -	armchair
r Fußboden, ⁓	floor	e Sonne, -n	sun
e Garage, -n	garage	r Spiegel, -	mirror
e Garderobe, -n	here: hallstand	r Stock	floor, storey
r Garten, ⁓	garden	r Strand, ⁓e	beach
s Hochhaus, ⁓er	tower block	r Streit, Streitigkeiten	quarrel
r Hof, ⁓e	court, courtyard	e Stunde, -n	hour
s Hotel, -s	hotel	e Telefonzelle, -n	phone box
e Industrie, -n	industry	r Teppich, -e	carpet
e Insel, -n	island	e Terrasse, -n	patio
r Keller, -	basement, cellar	e Toilette, -n	toilet
r Kiosk, -e	kiosk	r Urlaub	holidays, vacation
r Komfort	here: mod. cons.	s Urteil, -e	judgement
r Krach	noise	r Vermieter, -	landlord
r Lärm	noise	r Vogel, ⁓	bird
s Leben, -	life	r Vorhang, ⁓e	curtain

r Wagen, -	*car*	e Wiese, -n	*meadow*
r Wald, ⸚er	*forest*	e Woche, -n	*week*
e Ware, -n	*product, article*	s Wohnzimmer, -	*living-room, lounge*
s WC, -s	*WC, toilet*	s Zimmer, -	*room*

adjectives

direkt	*direct*, here: *directly*	privat	*private*
fest	here: *fixed term*	ruhig	*quiet*
frei	*free, vacant*	sauber	*clean*
glücklich	*happy*	schlecht	*bad*
günstig	here: *well situated*	schön	*nice, beautiful*
hässlich	*ugly*	teuer	*expensive*
interessant	*interesting*	zufrieden	*contented*

adverbs

außerhalb	here: *out of town*	nachts	*at night*
bald	*soon*	sogar	*even*
draußen	*outside*	vorher	*before, previously*
endlich	*at last*	ziemlich	*rather*

function words

ab	*from ... onwards*	in	*see grammar section*
alles	*everything*	niemand	*nobody*
an	*see grammar section*	ohne	*without*
auf	*see grammar section*	trotzdem	*nevertheless*
beide, beides	*both*	unser	*our*
für	*see grammar section*	was für?	*what sort of?*
gar nicht	*not at all*	zu (with adjective)	*too*

expressions and abbreviations

Glück haben	*to be lucky*	Platz haben	*to have room*
guck mal!	*look!*	Ruhe finden	*to find peace*
herzliche Grüße	*best wishes*	schau mal!	*look!*
m²	*sq. m. (square metres)*	zu Hause	*at home*
okay	*okay*		

Grammar

1. The indefinite pronoun (§ 13 p. 134)

ex.
4
5
6
7

● Brauchst du einen Mikrowellenherd?
● Möchtest du eine Vase?
● Hast du schon ein Sofa?
● Wo ist hier ein Lift?
● Hier gibt es auch Vorhänge.
   Hast du schon <u>welche</u>?

■ Nein danke, ich habe schon <u>einen</u>.
■ Ja, ich habe noch <u>keine</u>.
■ Ja, ich habe schon <u>eins</u>.
■ Da ist <u>einer</u>.
■ Nein, ich habe noch <u>keine</u>.
   Ich brauche <u>welche</u>.

As you can see from these examples the nouns were not repeated in the replies but replaced by a pronoun. This indefinite pronoun replaces a noun with an indefinite article. In the singular the indefinite pronouns are *ein-* (positive) and *kein-* (negative). The corresponding forms in English are *one* or *not one*. In the plural you use *welch-* (positive) or *kein-* (negative). The corresponding forms in English are *some* or *any* respectively.

If you want to avoid repeating non-count nouns you use *welch-* (positive) or *kein-* (negative) with the appropriate ending depending on gender and case.

● Hier gibt es Zucker.
   Brauchst du <u>welchen</u>?
● Hier gibt es Bier.
   Brauchst du <u>welches</u>?
● Ist das Zucker?

■ Ja, ich habe <u>keinen</u>.

■ Ja, ich habe <u>keins</u>.
■ Nein, das ist <u>keiner</u>, das ist Saccharin.

		masculine	feminine	neuter	plural
nominative	count-nouns	einer keiner	eine keine	eins keins	welche keine
nominative	non-count-nouns	welcher keiner	welche keine	welches keins	
accusative	count-nouns	einen keinen	eine keine	eins keins	welche keine
accusative	non-count-nouns	welchen keinen	welche keine	welches keins	

2. The definite pronoun (§ 12 p. 133)

ex.
8
9
10

If you want to avoid repeating a noun which is preceded by a definite article you can either use a personal pronoun (er, sie, es; sie) as shown in chapter 2, 3. or the definite pronoun in the appropriate case. This pronoun is always identical with the definite article.

Magst du <u>den Tisch</u>?   „table" is the object of the sentence and therefore in the accusative case.

| Der ist zu klein. | „table" – it – here is the subject of the sentence and therefore you use the definite pronoun in the nominative case. |
| Nein, <u>den</u> finde ich hässlich. | „table" – it – here is the object of the sentence and therefore you use the definite pronoun in the accusative case. |

		nominative	accusative
der die das	Magst du <u>den Tisch</u>? Magst du <u>die Lampe</u>? Magst du <u>das Regal</u>?	<u>Der</u> ist zu klein. <u>Die</u> ist zu alt. <u>Das</u> ist schön.	<u>Den</u> finde ich hässlich. <u>Die</u> finde ich hässlich. <u>Das</u> finde ich gut.
plural	Magst du <u>die Stühle</u>?	<u>Die</u> sind bequem.	<u>Die</u> finde ich schön.

You would use the definite pronoun as opposed to the personal pronoun if you want to put particular emphasis on the pronoun and therefore usually place it at the beginning of the sentence. Using the personal pronouns is also more formal.

● Wie findest du die Vorhänge?　　　　■ <u>Die</u> finde ich schön.
　　　　　　　　　　　　　　　　　　■ Ich finde <u>sie</u> schön.

ex.
23
3. The prepositions *in, an, auf* (§ 3 p. 129, § 16a p. 135, § 44 p. 145)

The correct usage of prepositions is one of the most difficult features of learning a foreign language. Learning German is no exception to this. It is therefore impossible to give exact equivalents.
The prepositions *in, an, auf* can be used in expressions of place. They take the dative case if the verb expresses an activity in one place or movement within a limited space (e.g. a room) as opposed to the direction the movement takes.

● Wo sind Haustiere verboten?　　　　■ In der Wohnung.
● Wo darf man keine Antenne montieren?　■ Am Schornstein.
● Wo darf man nicht grillen?　　　　　■ Auf dem Balkon.

in: **in rooms and buildings:**
　　　in der Küche – in the kitchen
　　　im Hotel – in the hotel
　　　in spaces that are perceived as three-dimensional:
　　　im Park – in the park
　　　im Wald – in the forest
　　　im Garten – in the garden

auf: **on (top of) surfaces that are perceived as two-dimensional:**
　　　auf dem Tisch – on the table
　　　auf dem Balkon – on the balcony
　　　auf der Terrasse – on the patio
　　　auf dem Parkplatz – in the car park

an: **on vertical or horizontal surfaces** (but **not** on top of):
an der Wand – on the wall
an der Decke – on the ceiling
next to (by):
am Fenster – by the window

at the edge of (bordering):
am Strand – on the beach
am Rhein – on the river Rhine

Nominativ	der/ein/mein	die/eine/meine	das/ein/mein
Dativ	de<u>m</u>/eine<u>m</u>/meine<u>m</u>	de<u>r</u>/eine<u>r</u>/meine<u>r</u>	de<u>m</u>/eine<u>m</u>/meine<u>m</u>
in	im Bungalow in einem Bungalow in meinem Bungalow	in der Garage in einer Garage in meiner Garage	im Haus in einem Haus in meinem Haus
an	am Bungalow an einem Bungalow an meinem Bungalow	an der Garage an einer Garage an meiner Garage	am Haus an einem Haus an meinem Haus
auf	auf dem Bungalow auf einem Bungalow auf meinem Bungalow	auf der Garage auf einer Garage auf meiner Garage	auf dem Haus auf einem Haus auf meinem Haus

Remember: *in dem* is always contracted to *im* and *an dem* to *am*.

3.1. Exercise:
Tick the correct option.
a) | (1) Der Spiegel | ist am Schrank.
   | (2) Das Kleid |
b) Auf dem Dach darf man | (1) ein Bücherregal | montieren.
   | (2) eine Antenne |
c) | (1) Die Garage | ist am Haus.
   | (2) Die Küche |
d) In | (1) der Wohnung | darf man nachts auch mal laut feiern.
   | (2) der Terrasse |
e) Auf dem | (1) Balkon | kann man Vögel füttern.
   | (2) Garten |
f) | (1) Die Stühle | sind auf dem Schreibtisch.
   | (2) Meine Bücher |

4. The preposition *für*

ex.
2

This preposition here corresponds to the English *for* and always takes the accusative case. e.g.:
Die Lampe ist für <u>den</u> Flur.   The lamp is for the hall.

ex.
1
5. Compound nouns

There are many nouns in German which consist of two words, e.g.

noun	+ noun	→	compound noun
der Morgen	+ die Gymnastik	→	die Morgengymnastik
das Buch	+ das Regal	→	das Bücherregal
die Arbeit	+ das Zimmer	→	das Arbeitszimmer

Compound nouns consisting of two nouns are the most frequent form. The second word determines the basic meaning and the gender of the compound noun, whereas the first illustrates the second. There are different ways of forming compound nouns. In the first example the singular form of the first word is taken as it is, in the second example the plural form is taken, and in the third example an -s is inserted between the two nouns. The second word never changes.
The formation rules are too complex to be explained in detail at this stage. Don't worry if you make mistakes in the formation of the compound noun – you will nevertheless be understood.

verb	+ noun	→	compound noun
schlafen	+ das Zimmer	→	das Schlafzimmer

In this case the compound noun consists of a verb stem (infinitive without -en or -n) and a noun.

adjective	+ noun	→	compound noun
hoch	+ das Haus	→	das Hochhaus

There are also compound nouns that consist of an adjective and a noun.

6. Particles

We already explained in chapter 4, 6. that particles are „little" words that give the sentence a distinct flavour in meaning, e.g. assumption, wish, politeness.

doch	● Sie kommen **doch** mit?	wish, politeness in an
	■ Ja, gern.	imperative phrased as a question
eigentlich	**Eigentlich** möchten wir ein Haus bauen, aber das geht nicht.	in actual fact, implying ‚contrary to appearances'
wohl	Das hier ist **wohl** Ihr Kind?	uncertainty or probability

1. Ergänzen Sie.

Nach Übung
3
im Kursbuch

a) *schlafen* + *das Zimmer* → das Schlafzimmer
b) _____ + _____ → das Wohnzimmer
c) _____ + _____ → der Schreibtisch
d) _____ + _____ → die Waschmaschine
e) _____ + _____ → der Fernsehapparat
f) waschen + das Becken → _____
g) braten + die Wurst → _____
h) stecken + die Dose → _____

i) j) k) l) ⚠ m) ⚠

i) → _____
j) → _____
k) → _____
l) → _____
m) → _____

2. Bilden Sie Sätze.

Nach Übung
3
im Kursbuch

a) Lampe ----→ Flur
→ Schlafzimmer

Die Lampe ist nicht für den Flur,
sondern für das Schlafzimmer.
...

b) Waschmittel ----→ Waschmaschine
→ Geschirrspüler

c) Spiegel ----→ Bad
→ Garderobe

d) Radio ----→ Wohnzimmer
→ Küche

e) Stühle ----→ Küche
→ Balkon

f) Topf ----→ Mikrowelle
→ Elektroherd

g) Batterien ----→ Taschenlampe
→ Radio

3. Was passt nicht?

Nach Übung
4
im Kursbuch

a) Sessel – Teppich – Tisch – Schreibtisch
b) Schlafzimmer – Bad – Spiegel – Flur
c) Elektroherd – Waschmaschine – Fenster – Kühlschrank
d) Sessel – Stuhl – Bett – Lampe
e) schön – zufrieden – gut – fantastisch
f) fernsehen – Wohnung – neu – umziehen

Nach Übung

4

im Kursbuch

4. Schreiben Sie Dialoge.

● Gibt es hier ein Restaurant?
■ Nein, hier gibt es keins.
● Wo gibt es denn eins?
■ Das weiß ich nicht.

a) Post

● *Gibt es hier eine Post?*
■ *Nein, hier* _____
● *Wo* _____
■ *Das weiß* _____

b) Bibliothek

● *Gibt* _____
■ *Nein,* _____
● *Wo* _____
■ *Das* _____

c) Café   d) Telefon   e) Automechaniker   f) Bäckerei   g) Gasthof   h) Supermarkt

Nach Übung

4

im Kursbuch

5. „Welch-" im Plural (A) oder Singular (B)? Schreiben Sie Dialoge.

A.   B.

● Ich brauche noch Eier.
  Haben wir noch welche?
■ Nein, es sind keine mehr da.

● Ich möchte noch Wein. / Suppe. / Obst.
  Haben wir noch welchen? / welche? /
  welches?
■ Nein, es ist keiner/keine/keins mehr da.

Lesen Sie die Dialogmodelle A und B. Schreiben Sie dann selbst Dialoge. Wählen Sie das richtige Dialogmodell.

a) Äpfel

● *Ich brauche noch Äpfel.*
  Haben _____
■ *Nein,* _____

b) Soße

● *Ich möchte noch Soße.*
  Haben _____
■ *Nein,* _____

c) Zwiebeln   f) Tomaten   i) Fleisch   l) Früchte   o) Salat
d) Eis   g) Kartoffeln j) Tee   m) Gewürze   p) Suppe
e) Saft   h) Gemüse   k) Marmelade n) Öl   q) Obst

6. Ergänzen Sie.

Nach Übung

4

im Kursbuch

● Peter hat morgen Geburtstag. Was meinst du, was können wir kaufen? Eine Uhr?

■ Das geht nicht. Seine Frau kauft schon eine.

a) ● _____ Kamera? ■ Das geht nicht. Er hat schon _____ .

b) ● _____ Taschenlampe? ■ Das geht nicht. Er braucht _____ .

c) ● _____ Zigaretten? ■ Das geht nicht. Er braucht _____ .
Er raucht doch nicht mehr.

d) ● _____ Geschirr? ■ Das geht nicht. Er hat schon _____ .

e) ● _____ Handy? ■ Das geht nicht. Er hat schon _____ .

f) ● _____ Wein? ■ Das geht nicht. Maria kauft schon _____ .

g) ● _____ Filme? ■ Das geht nicht. Karl kauft schon _____ .

h) ● _____ Radio? ■ Die Idee ist gut. Er hat noch _____ .

7. Ihre Grammatik. Ergänzen Sie.

Nach Übung

4

im Kursbuch

der	ein kein	Herd Herd Wein	*einer* *keiner* *welcher*	einen keinen	Herd Herd Wein	
die	eine keine	Lampe Lampe Butter		eine keine	Lampe Lampe Butter	*keine*
das	ein kein	Bett Bett Öl	*eins*	ein kein	Bett Bett Öl	*welches*
die (Pl.)	keine	Eier Eier		keine	Eier Eier	

8. Schreiben Sie.

Nach Übung

6

im Kursbuch

● Ist der Schrank neu?

■ Nein, der ist alt.

● Und die Lampe?

■ Die ist neu.

a) Sessel – Stühle
  ● *Sind die Sessel neu?*
  ■ *Nein, die* _____
  …

b) Regal – Schrank

c) Waschmaschine – Kühlschrank

d) Schreibtisch – Stuhl

e) Garderobe – Spiegel

f) Kommode – Regale

g) Bett – Lampen

Nach Übung

6

im Kursbuch

9. Ergänzen Sie.

● Was brauchen wir?

a)	■ Ein Radio.	▲	_Das_	kann ich mitbringen.
b)	■ Kaffee.	▲	_____	brauchen wir nicht.
c)	■ Brot.	▲	_____	hole ich.
d)	■ Gläser.	▲	_____	habe ich.
e)	■ Teller.	▲	_____	bringe ich mit.
f)	■ Geschirr.	▲	_____	ist schon da.
g)	■ Stühle.	▲	_____	habe ich.
h)	■ Butter.	▲	_____	kaufe ich ein.
i)	■ Bier.	▲	_____	bringe ich mit.
j)	■ Salat.	▲	_____	mache ich.
k)	■ Wein.	▲	_____	haben wir schon.
l)	■ Mineralwasser.	▲	_____	kaufe ich.
m)	■ Zigaretten.	▲	_____	wollen wir nicht.

Nach Übung

6

im Kursbuch

10. Ihre Grammatik. Ergänzen Sie.

a)

Der Flur,	_der_	... ist hier.
Die Lampe,	_____	
Das Bett,	_____	
Die Möbel,	_____	... sind hier.

b)

Den Flur,	_____	... sehe ich.
Die Lampe,	_____	
Das Bett,	_____	
Die Möbel,	_____	

Nach Übung

9

im Kursbuch

11. Schreiben Sie einen Dialog.

~~Du, ich habe jetzt eine Wohnung.~~   Und wie viele Zimmer hat sie?

Hast du auch schon Möbel?

Zwei Zimmer, eine Küche und ein Bad.

Ja, ich habe schon viele Sachen.   Fantastisch! Den nehme ich gern.

Sehr schön. Ziemlich groß und nicht zu teuer.

Ich habe noch einen Küchentisch. Den kannst du haben.

Toll! Wie ist sie denn?

● _Du, ich habe jetzt eine Wohnung._ _____

■ _Toll! Wie_ _____

● ...

12. Schreiben Sie einen Brief.

Nach Übung

9

im Kursbuch

Tübingen, 2. Mai 2002

Liebe Tante Irmgard,

wir haben jetzt eine Wohnung in Tübingen. Sie hat zwei Zimmer, ist hell und ziemlich billig.

Möbel für die Küche haben wir schon, aber noch keine Sachen für das Wohnzimmer. Einen Schrank

für das Schlafzimmer brauchen wir auch noch. Hast du einen? Oder hast du vielleicht noch Stühle?

Schreib bitte bald!

Viele liebe Grüße

Sandra

_____

Lieb _____	
ich _____	
sie hat _____	
sie ist _____	
Ich habe schon _____	
aber ich brauche noch _____	

Wohnung	3 Zimmer	Schrank
Garderobe	Bad Lampe	Küche
Herd	hell schön	klein teuer

13. Was passt?

Nach Übung

11

im Kursbuch

a) Wohnort, Name, Straße, Postleitzahl, Vorname: _Adresse_____

b) Bad, Wohnzimmer, Flur, Küche, Schlafzimmer: _____

c) Keller, Erdgeschoss, 1. Stock, 2. Stock: _____

d) Stunde, Tag, Woche, Monat: _____

e) Mutter, Vater, Kinder, Eltern: _____

14. Welches Verb passt?

Nach Übung

12

im Kursbuch

bauen	verdienen	anrufen	kontrollieren	suchen	werden

a) ein Haus   eine Garage   eine Sauna _____

b) die Heizung   den Aufzug   die Batterien _____

c) eine Wohnung   ein Zimmer   den Fehler _____

d) Geld   sehr viel   zu wenig _____

e) einen Freund   den Arzt   Johanna _____

f) Vater   schlank   Lehrer _____

Nach Übung

12

im Kursbuch

15. Was passt zusammen? Bilden Sie Sätze.

eigentlich	aber
a) nicht arbeiten b) einen Freund anrufen c) ein Haus kaufen d) nicht einkaufen gehen e) nicht umziehen	sie findet keins ihr Kühlschrank ist leer ihre Wohnung ist zu klein ihr Telefon ist kaputt ~~sie muss Geld verdienen~~

a) *Eigentlich möchte Veronika nicht arbeiten, aber sie muss Geld verdienen.*
   Veronika möchte eigentlich nicht arbeiten, aber sie muss Geld verdienen.

b) ...

Nach Übung

12

im Kursbuch

16. Welches Wort passt?

über   etwa   unter   zwischen   etwa   unter   von ... bis ...

a) Hier gibt es Sonderangebote: alle Kassetten _____ sechs Euro.
b) Der Sessel kostet _____ 300 Euro. Ich weiß es aber nicht genau.
c) Hier gibt es Spiegel _____ 20 _____ 50 Euro.
d) _____ 18 Jahren bekommt man in Gasthäusern keinen Alkohol.
e) Die Miete für Häuser in Frankfurt liegt _____ 500 und 3000 Euro pro Monat.
f) Ich komme _____ um 6 Uhr.
g) _____ 300 Euro kann ich nicht bezahlen. Das ist zu viel.

Nach Übung

12

im Kursbuch

17. Ihre Grammatik. Ergänzen Sie.

a) Sie möchten gern bauen.
b) Sie möchten gern ein Haus bauen.
c) Sie möchten gern in Frankfurt ein Haus bauen.
d) In Frankfurt möchten sie gern ein Haus bauen.
e) Eigentlich möchten sie gern in Frankfurt ein Haus bauen.
f) Warum bauen sie nicht in Frankfurt ein Haus?

	Vorfeld	$Verb_1$	Subj.	Angabe	Ergänzung	$Verb_2$
a)	*sie*	*möchten*				
b)						
c)						
d)						
e)						
f)						

18. Was ist richtig?

Nach Übung
12
im Kursbuch

a) Wir möchten ein Haus   A kaufen.
                              B brauchen.
                              C bauen.

e) Ihre Kinder heißen Jan und Kerstin.
   Ich kenne   A sie.
                      B beide.
                      C zwei.

b) Ich finde die Wohnung nicht teuer,
   sie ist sogar   A ziemlich wenig.
                    B ziemlich günstig.
                    C ziemlich billig.

f) Die Wohnung ist leer. Da ist   A niemand.
                                B jemand.
                                C kein Mensch.

c) Das Haus kostet   A wenig.
                    B viel.
                    C teuer.

g) Die Wohnung   A günstig,   aber sie ist
   liegt nicht   B zufrieden,   ziemlich billig.
                C alt,

d) Ich glaube, wir haben kein Glück,
   aber wir suchen   A nicht weiter.
                     B trotzdem weiter.
                     C denn weiter.

h) Möchten Sie den Tee mit Milch
   oder   A ohne?
          B gern?
          C für?

19. Lesen Sie den Text im Kursbuch Seite 63.

Nach Übung
12
im Kursbuch

A. Ergänzen Sie den Text.

Familie Höpke _____ in Steinheim. Ihre Wohnung _____
nur drei Zimmer. Das ist zu _____ , denn die _____
möchten beide ein _____ . Die Wohnung ist nicht _____
und auch _____ teuer. Aber Herr Höpke _____ in Frankfurt.
Er muss morgens und _____ immer über eine _____ fahren.
Herr Höpke _____ in Frankfurt wohnen, aber dort _____
die _____ zu teuer. So viel Geld kann er für die Miete nicht _____ .
Aber Höpkes _____ weiter. _____ haben sie ja Glück.

B. Schreiben Sie einen ähnlichen Text.
Familie Wiegand wohnt in _____

20. Was ist Nummer ...?

Nach Übung
17
im Kursbuch

1 *das Dach* _____   11 _____
2 _____   12 _____
3 _____   13 _____
4 _____
5 _____
6 _____
7 _____
8 _____
9 _____
10 _____

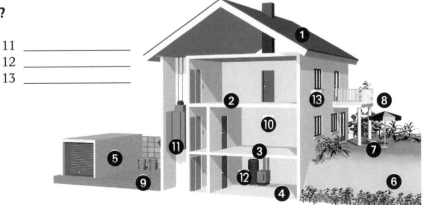

Nach Übung

18

im Kursbuch

21. „Haben" oder „machen"? Was passt?

a) Glück _____   c) Lärm _____   e) Zeit _____   g) Platz _____

b) Krach _____   d) Lust _____   f) Ordnung _____   h) Streit _____

Nach Übung

18

im Kursbuch

22. Ergänzen Sie.

> Ap – barn – Dach – de – ~~Er~~ – fort – gel – haus – Hoch – Hof – Kom – Krach – Lärm –
> ~~laub~~ – ment – Mi – Mie – mie – Nach – ~~nis~~ – nu – par – Platz – Streit – te – te – ten – ter –
> Ver – Vö – Wän

a) Es ist nicht verboten, wir haben die _Erlaubnis_ _____ .

b) Auf dem Haus ist das _____ .

c) Eine Stunde hat 60 _____ .

d) Dort kann man wohnen: _____ und _____ .

e) Hier spielen die Kinder manchmal: _____ .

f) Auch ein Ehepaar hat manchmal _____ .

g) Die Miete bekommt der _____ .

h) Beide Familien wohnen im zweiten Stock, sie sind _____ .

i) Ein Zimmer hat vier _____ .

j) Beide Kinder haben ein Zimmer, wir haben viel _____ .

k) Eine Wohnung mit _____ ist teuer.

l) Die Wohnung kostet 370 Euro _____ pro Monat.

m) Das ist sehr laut und stört die Nachbarn: _____ und _____ .

Nach Übung

18

im Kursbuch

23. „In", „an", „auf" + Dativ. Ergänzen Sie Präposition und Artikel.

a) Hier siehst du Ulrich _____ d_____
Sauna und _____ d_____ Toilette.

b) Und hier ist er _____ sein_____
Zimmer _____ Fenster.

c) Hier ist Ulrich _____ d_____ Küche
_____ sein_____ Kinderstuhl.

d) Und hier ist er _____ d_____ Wohnung
von Frau Haberl, _____ ihr_____
Keller und _____ ihr_____ Terrasse.

e) Hier siehst du Ulrich zu Hause _____
d_____ Balkon und _____ Herd.

f) Hier sind wir mit Ulrich _____
ein_____ Gasthof.

g) Und da spielt er _____ d_____
Garagendach.

h) Und hier ist er _____ Telefon, er ruft seine
Oma an.

24. Was passt hier?

Nach Übung

18

im Kursbuch

a) Wann bekommen wir _____ das Geld? Wir warten schon drei Wochen.
    A bald   B vorher   C endlich

b) Ich finde die Wohnung _____ schön, sie ist sogar ziemlich hässlich.
    A genug   B zuerst   C gar nicht

c) Das Appartement ist ziemlich groß und kostet _____ .
    A wenig   B billig   C günstig

d) Ein Haus ist viel zu teuer, das kann ja _____ bezahlen.
    A niemand   B jeder   C jemand

e) Sie können manchmal feiern, aber Sie müssen _____ die Nachbarn informieren.
    A sonst   B vorher   C gerne

f) Eine Lampe für 15 Euro und eine sogar für 10! Das ist billig, ich nehme _____ .
    A gern   B beide   C zusammen

g) Ich arbeite 8 Stunden, _____ 7 _____ 15 Uhr.
    A um … und bis …   B zwischen … und …   C von … bis …

h) Wir gehen nicht spazieren, es ist ziemlich kalt _____ .
    A sonst   B draußen   C etwa

i) Manchmal bin ich _____ gar nicht müde, dann lese ich.
    A ohne   B nachts   C ziemlich

j) _____ trinke ich immer Tee, aber heute möchte ich Kaffee.
    A Sonst   B Vorher   C Endlich

25. Welches Modalverb passt? Ergänzen Sie „können", „möchten", „müssen".

Nach Übung

18

im Kursbuch

● Sie _____ doch jetzt nicht mehr feiern!

■ Und warum nicht? Ich _____ morgen nicht arbeiten und _____ lange schlafen.

● Aber es ist 22 Uhr. Wir _____ schlafen, wir _____ um sechs Uhr aufstehen.

■ Und wann _____ ich dann feiern? Vielleicht mittags um zwölf? Da hat doch niemand Zeit, da _____ doch niemand kommen.

● Das ist Ihr Problem. Jetzt _____ Sie leise sein, sonst holen wir die Polizei.

Nach Übung

20

im Kursbuch

26. Was passt zusammen? Lesen Sie vorher den Text im Kursbuch auf Seite 67.

A	Urlaub auf Hiddensee		1	liegt direkt am Strand.		A	
B	Autos dürfen		2	Ruhe finden.		B	
C	Die Insel		3	sogar ein Reisebüro.		C	
D	Strände und Natur		4	hier nicht fahren.		D	
E	Das Hotel		5	haben viel Komfort.		E	
F	Hier kann man		6	sind noch ziemlich sauber.		F	
G	Die Zimmer		7	ist ein Naturschutzgebiet.		G	
H	Im Hotel gibt es		8	ist ein Erlebnis.		H	

Nach Übung

20

im Kursbuch

27. Ergänzen Sie.

Industrie	Natur
Hotel	Urlaub

a) Wald, Wiese, Vögel: _____

b) herstellen, Export, Maschinen: _____

c) Zeit haben, Sonne, Meer: _____

d) Information, Rezeption, Zimmer: _____

Nach Übung

20

im Kursbuch

28. Schreiben Sie einen Brief.

A. Hanne macht Urlaub auf der Insel Rügen. Sie ist nicht zufrieden. Sie schreibt eine Karte an Margret. Lesen Sie die Karte.

Liebe Margret,

viele Grüße von der Insel Rügen. Ich bin jetzt schon zwei Wochen hier, aber der Urlaub ist nicht sehr schön. Das Hotel ist laut, es ist nicht sauber, und wir haben keinen Komfort. Die Zimmer sind hässlich und teuer, und das Essen schmeckt nicht besonders gut. Die Diskothek ist geschlossen und das Hallenbad auch.

Ich kann eigentlich nur spazieren gehen, aber das ist auch nicht sehr schön, denn hier fahren ziemlich viele Autos, das stört.

Am Dienstag bin ich wieder zu Hause.   Viele Grüße, Hanne.

Was findet Hanne nicht gut? Notieren Sie.

Hotel laut, _____

nicht _____

Zimmer _____

_____

_____

_____

_____

B. Schreiben Sie den Brief positiv. Ihr Urlaub ist schön, Sie sind zufrieden.

Liebe Margret,

viele Grüße von der Insel Rügen. Ich bin ..., und der Urlaub ist fantastisch. Das Hotel ...

Vocabulary

verbs

aufwachen	*to wake up*	hinfallen	*to fall (down)*
bedeuten	*to mean*	klingeln	*to ring*
besuchen	*to visit*	mitnehmen	*to take along*
bleiben	*to remain, to stay*	packen	*to pack (a case)*
dauern	*to last, to take (time)*	passieren	*to happen*
einpacken	*to pack*	recht haben	*to be right*
einschlafen	*to fall asleep*	sollen	see grammar section
erkältet sein	*to have a cold*	stehen	*to stand*, here: *to be*
gehen	*to walk*	verstehen	*to understand*
helfen	*to help*	wehtun	*to hurt, to ache*

nouns

e Angst, ⸚e	*fear*	r Husten	*cough*
e Apotheke, -n	*pharmacy*	s Knie, -	*knee*
e Ärztin, -nen	*female doctor (medical)*	r Koffer, -	*suitcase*
r Arzt, ⸚e	*male doctor (medical)*	e Kollegin, -nen	*female colleague*
		r Kollege, -n	*male colleague*
s Auge, -n	*eye*	r Konflikt, -e	*conflict*
r Bahnhof, ⸚e	*station*	r Kopf, ⸚e	*head*
r Bauch, ⸚e	*tummy, abdomen*	e Krankenver- sicherungskarte, -n	*medical insurance card*
s Bein, -e	*leg*	e Krankheit, -en	*illness*
s Beispiel, -e	*example*	s Licht	*light*
e Brust	*chest*	e Luft	*air*
e Chefin, -nen	*female boss, head*	r Magen, ⸚	*stomach*
r Chef, -s	*male boss, head*	s Medikament, -e	*medicine, medication*
r Doktor, -en	*doctor (title)*		
Dr. = Doktor		r Mund, ⸚er	*mouth*
s Drittel	*third*	e Mütze, -n	*woollen hat*
e Drogerie, -n	*chemist's, drug store*	e Nacht, ⸚e	*night*
e Erkältung, -en	*cold (illness)*	e Nase, -n	*nose*
e Frage, -n	*question*	s Obst	*fruit*
r Fuß, ⸚e	*foot*	s Papier	*paper*
r Fußball, ⸚e	*football*	e Pflanze, -n	*plant*
e Geschichte, -n	*story*	s Pflaster, -	*plaster*
e Gesundheit	*health*	r Pullover, -	*jumper*
s Grad, -e	*degree*	r Rat, Ratschläge	*advice*
e Grippe	*flu*	r Rücken, -	*back*
r Hals, ⸚e	*neck, throat*	r Schmerz, -en	*pain*
e Hand, ⸚e	*hand*	r Schnupfen	*cold, catarrh*
r Handschuh, -e	*glove*	s Spiel, -e	*match, game*

r Sport	*sport*	s Verbandszeug	*dressing material*
e Sprechstunde, -n	*surgery hours*	e Verstopfung	*constipation*
e Tablette, -n	*tablet, pill*	r Wecker, -	*alarm clock*
s Thema, Themen	*topic*	s Wochenende, -n	*weekend*
r Tip, -s	*tip, advice*	r Zahn, ⸚e	*tooth*
r Tropfen, -	*drop*		

adjectives

arm	*poor*	kühl	*cool*
dick	*fat*	müde	*tired*
gebrochen	*broken, fractured*	nervös	*nervous*
gefährlich	*dangerous*	reich	*rich*
gesund	*healthy*	schlimm	*bad*
gleich	*same*	schwer	*heavy*
heiß	*hot*	vorsichtig	*careful, cautious*
krank	*ill, sick*		

adverbs

bestimmt	*certainly, definitely*	lange	*long*
bloß	*only*	plötzlich	*suddenly*
genau	*exactly*	täglich	*daily*
häufig	*frequently*	wirklich	*really*
höchstens	*at the most*		

function words

ander-	*other, different*
so viel	*that much*
über	*about*

expressions

ein bisschen	*a little*
Sport treiben	*to play/do sports*
zum Beispiel	*for example*

background

e Krankenver-sicherungskarte, -n	*plastic medical insurance card to be presented on visits to the doctor*

Grammar

1. Possessive articles in the nominative case (§ 6 p. 130)

The possessive articles in the nominative case complete the list of possessive articles to which you were introduced in chapter 2.

Remember: Possessive articles are declined like the indefinite article *ein-*. However, *euer* is slightly different. It loses the -e- whenever an ending is added to it.

     Ist das euer Lehrer?
     Ist das eure Lehrerin?

owner / possession	ich	du	Sie	er	sie	es	wir	ihr	Sie	sie
der	mein	dein	Ihr	sein	ihr	sein	unser	euer	Ihr	ihr
die	meine	deine	Ihre	seine	ihre	seine	unsere	eure	Ihre	ihre
das	mein	dein	Ihr	sein	ihr	sein	unser	euer	Ihr	ihr
plural	meine	deine	Ihre	seine	ihre	seine	unsere	eure	Ihre	ihre

1.1. Exercise:
Complete the sentences with the appropriate possessive articles.
Thomas and Anna (●) have visitors (■). They show them round their new flat.
■ Wie lange wohnt ihr schon hier?
● Erst drei Wochen. Hier ist _____ Küche. Da schlafen wir.
■ Was? Sehr interessant. Wo ist denn _____ Schlafzimmer?
● Hier ist _____ Schlafzimmer. Hier kochen wir.
■ Wie bitte? Ihr kocht im Schlafzimmer? Wie originell. Wo ist denn _____ Wohnzimmer?
● Das hier ist _____ Wohnzimmer. Hier baden wir immer.
■ Und hier ist wohl _____ Bad?
● Ja, das ist _____ Bad. Da wohnen wir.
■ Was? Ihr wohnt wirklich im Bad? _____ Wohnung ist ja sehr originell.

2. The perfect tense (§ 29, § 30 p. 140, § 37 p. 142)

2.1. The use of the perfect tense
The perfect tense is one of the most important tenses in German. It is used to express a completed action in the past.

Gestern <u>habe</u> ich meine Wohnung <u>aufgeräumt</u>.	Yesterday I <u>tidied</u> up my flat.
Er <u>hat</u> letzten Sonntag Fußball <u>gespielt</u>.	He <u>played</u> football last Sunday.
Er <u>hat</u> den ganzen Tag Fußball <u>gespielt</u>.	He <u>was playing</u> football all day.
Ich <u>bin</u> heute um 7 Uhr <u>aufgestanden</u>.	I <u>got up</u> at seven o'clock today.
Wir <u>sind</u> gestern nach London <u>gefahren</u>.	We <u>went</u> to London yesterday.

As you can see from these examples the German perfect tense corresponds to the simple past (e.g. I played) or the past continuous tense (e.g. I was playing) in English.

Remember: Ich lerne schon 2 Jahre Deutsch.

Ich wohne erst 5 Monate in Hamburg.

These sentences do not describe a completed action in the past and therefore the present tense is used in German as opposed to the perfect tense in English.

2.2. The formation of the perfect tense

The perfect tense consists of two parts: the present tense of *haben* or *sein* and the past participle of the main verb. You will gradually have to learn the participles by heart, but it is useful to know that there are two groups of past participles:

a) The past participles of the first group are formed in the following way:

		prefix	verb stem	ending
fragen	→	ge	frag	t
spielen	→	ge	spiel	t
arbeiten	→	ge	arbeit	et

Remember: The stem of the verb does not change to form the past participle. The verbs belonging to this group are called weak verbs.

There are, however, some exceptions:

		prefix	changed verb stem	ending
bringen	→	ge	brach	t
denken	→	ge	dach	t
kennen	→	ge	kann	t
nennen	→	ge	nann	t

b) The past participles of the second group end in *-en* and the stem of the verb usually changes. You will find a list of these participles in most grammar books and dictionaries. The verbs belonging to this group are called strong verbs.

		prefix	changed verb stem	ending
nehmen	→	ge	nomm	en
trinken	→	ge	trunk	en
gehen	→	ge	gang	en

Remember: These past participles have to be learnt.

Most verbs in German form the perfect tense with *haben*. Verbs, however, that express a change, form the perfect tense with *sein*.

a) change of place (from A to B):

fahren:	**Seid** ihr gestern nach Jena gefahren?
gehen:	Wir **sind** sofort ins Hotel gegangen.
kommen:	Warum **bist** du nicht gekommen?

b) change of state:

    aufwachen: Heute **bin** ich sehr spät aufgewacht. (I was asleep before.)

    werden: Sie **ist** Ingenieurin geworden. (She was a student before.)

There are three more verbs that form the perfect tense with *sein*:

bleiben: Wie lange **bist** du in London geblieben?

passieren: Das **ist** Donnerstag passiert.

sein: Wo **bist** du gestern gewesen?

2.3. Sentence structure

preverbal position	verb 1	subject	qualifiers	complement	verb 2
Ich	habe			Fußball	gespielt.
Plötzlich	bin	ich			hingefallen.
Ich	bin		wieder		aufgestanden.

As you can see the conjugated verb *haben* or *sein* takes the position verb 1 and the past participle takes position the verb 2. Again, a bracket is formed as in the construction with the modal verbs (see chapter 3, 5.2) and the construction with separable verbs (see chapter 4, 2.1).

2.4. Exercise:

Complete the sentences with the conjugated form of *haben* or *sein*.

a) Thomas _____ das Essen bezahlt.

b) Wie _____ denn das passiert?

c) Wann _____ sie gegangen?

d) _____ du mit Karin getanzt?

e) Gestern _____ ich mit Claudia telefoniert.

f) Wann _____ du heute aufgestanden?

g) Max schläft noch. Er _____ gestern erst spät eingeschlafen.

h) Wir _____ Kaffee getrunken.

i) Lothar _____ nach Bochum umgezogen.

j) Wann _____ du die Prüfung gemacht?

2.5. Exercise:

Write the sentences a) – e) into the table below.

	preverbal position	verb 1	subject	qualifiers	complement	verb 2
a)						
b)						
c)						
d)						
e)						

3. The imperative (§ 26 p. 139, § 34 p. 141)

In addition to the two imperative forms you were introduced to in chapter 3 (5.3) you are now learning the third form. It is used when addressing two or more people with *ihr*. Forming this imperative is very easy: all you do is leave out *ihr*.

ihr trinkt	→	Trinkt (doch) ein Glas Milch mit Honig!
ihr nehmt	→	Nehmt keine Medikamente!

The imperative forms of the verb *sein* are irregular:

Du bist nicht sehr vorsichtig.	→	Sei (doch) vorsichtig!
Ihr seid nicht sehr vorsichtig.	→	Seid (doch) vorsichtig!
Sie sind nicht sehr vorsichtig.	→	Seien Sie (doch) vorsichtig!

4. Modal verbs (§ 25 p. 139, § 35 p. 142)

You were introduced to some modal verbs in chapter 3 (5.2) and chapter 4 (1.). In this chapter you are learning two more.

	wollen	sollen
ich	will	soll
du	willst	sollst
er, sie, es	will	soll
wir	wollen	sollen
ihr	wollt	sollt
sie, Sie	wollen	sollen

4.1. sollen/müssen, nicht sollen/nicht dürfen

müssen is used to express an obligation or a necessity (see chapter 4, 1.)

sollen is used to express the request, advice or wish of a third person.

The doctor says to me: „Sie müssen mehr schlafen."

I tell a friend what the doctor told me: Ich soll mehr schlafen.

nicht dürfen is used to express that something is forbidden (see chapter 4, 1.)

nicht sollen is used to express the request, advice or wish of a third person, but in the negative.

The doctor says to me: „Sie dürfen nicht rauchen."

I tell a friend what the doctor told me: Ich soll nicht rauchen.

4.2. wollen/möchten

Both verbs are used to express a wish. However, *wollen* implies a firm intention whilst *möchten* is used to express a polite request.

In den Ferien <u>will</u> ich nach Österreich fahren.

Was <u>möchten</u> Sie trinken?   –   Ich <u>möchte</u> gern eine Tasse Kaffee.

5. Verbs with vowel change

In chapter 3 (3.) and 4 (3.) you were introduced to verbs whose stem changes in the second (du) and third (er, sie, es) person singular in the present tense. Here are more verbs that belong to the same group.

infinitive	first person	second person	third person	plural
eintreten	ich trete ein	**du trittst ein**	**er tritt ein**	...
helfen	ich helfe	**du hilfst**	**er hilft**	...
hinfallen	ich falle hin	**du fällst hin**	**er fällt hin**	...
laufen	ich laufe	**du läufst**	**er läuft**	...
vergessen	ich vergesse	**du vergisst**	**er vergisst**	...
werden	ich werde	**du wirst**	**er wir<u>d</u>**	...

Nach Übung

1

im Kursbuch

1. Was passt nicht?

a) Auge – Ohr – Bein – Nase
b) Arm – Zahn – Hand – Finger
c) Kopf – Gesicht – Augen – Fuß

d) Rücken – Bauch – Brust – Ohr
e) Bauch – Mund – Nase – Zahn
f) Zeh – Fuß – Hand – Bein

Nach Übung

2

im Kursbuch

2. Ergänzen Sie.

 ①    ②    ③   ④

 ⑤    ⑥   ⑦   ⑧

 ⑨   ⑩   ⑪   ⑫

 ⑬    ⑭    ⑮   ⑯

Nummer 1 ist *seine Nase* _____
Nummer 2 ist _____
Nummer 3 ist *ihr Arm* _____
Nummer 4 ist _____
Nummer 5 ist _____
Nummer 6 ist _____
Nummer 7 ist _____
Nummer 8 ist _____

Nummer 9 ist _____
Nummer 10 ist _____
Nummer 11 ist _____
Nummer 12 ist _____
Nummer 13 ist _____
Nummer 14 ist _____
Nummer 15 ist _____
Nummer 16 ist _____

Nach Übung

2

im Kursbuch

3. Bilden Sie den Plural.

a) _die_ Hand, _Hände_
b) _____ Arm, _____
c) _____ Nase, _____
d) _____ Finger, _____

e) _____ Gesicht, _____
f) _____ Fuß, _____
g) _____ Auge, _____
h) _____ Rücken, _____

i) _____ Bein, _____
j) _____ Ohr, _____
k) _____ Kopf, _____
l) _____ Zahn, _____

4. Welches Verb passt?

Nach Übung

5

im Kursbuch

| sein | brauchen | beantworten | verstehen | nehmen | haben |

a) Recht   Schmerzen   Grippe _____
b) Deutsch   ein Gespräch   das Problem _____
c) Tropfen   ein Bad   Medikamente _____
d) eine Frage   einen Brief   nicht alles _____
e) krank   schlimm   erkältet _____
f) Tabletten   einen Arzt   einen Rat _____

5. Was muss Herr Kleimeyer tun? Was darf er nicht? Schreiben Sie.

Nach Übung

6

im Kursbuch

a)   erkältet
       im Bett bleiben
       schwimmen gehen
       Nasentropfen nehmen

Herr Kleimeyer ist erkältet.
Er muss im Bett bleiben.
Er darf nicht schwimmen gehen.
Er muss Nasentropfen nehmen.

b) nervös
     rauchen
     Gymnastik
     viel spazieren gehen

c) Kopfschmerzen
     nicht rauchen
     spazieren gehen
     Alkohol trinken

d) Magenschmerzen
     Tee trinken
     Wein trinken
     fett essen

e) zu dick
     viel Sport treiben
     Schokolade essen
     eine Diät machen

f) nicht schlafen können
     abends schwimmen gehen
     abends viel essen
     Kaffee trinken

g) Magengeschwür
     viel arbeiten
     den Arzt fragen
     vorsichtig leben

6. „Können", „müssen", „dürfen", „sollen", „wollen", „möchten"?

Nach Übung

6

im Kursbuch

a) Frau Moritz:
   Ich _____ jeden Monat zum Arzt
   gehen. Der Arzt sagt, ich _____ dann
   am Morgen nichts essen und trinken, denn
   er _____ mein Blut untersuchen. Jetzt
   warte ich hier schon 20 Minuten, und ich
   _____ eigentlich gern etwas essen.
   Aber ich _____ noch nicht.

b) Herr Becker:
   Ich habe immer Schmerzen im Rücken.
   Der Arzt sagt, ich _____ Tabletten
   nehmen. Aber das _____ ich nicht,
   denn dann bekomme ich immer
   Magenschmerzen. Meine Frau sagt, ich
   _____ jeden Morgen Gymnastik
   machen. Aber das _____ ich auch
   nicht, denn ich habe oft keine Zeit. Meine
   Kollegen meinen, ich _____ zu Hause
   bleiben, aber ich _____ doch Geld
   verdienen.

c) Herr Müller:
   Ich habe Schmerzen im Bein. Ich _____ nicht gut gehen. Der Arzt sagt, ich _____ oft schwimmen gehen, aber ich habe immer so wenig Zeit. Ich _____ bis 18 Uhr arbeiten.

d) Karin:
   Ich _____ nicht zum Doktor, denn er tut mir immer weh. Ich _____ keine Tabletten nehmen. Immer sagt er, ich _____ morgens, mittags und abends Tabletten nehmen. Ich _____ das nicht mehr.

Nach Übung

6

im Kursbuch

7. „Müssen" oder „sollen"? „Nicht dürfen" oder „nicht sollen"?

● Herr Doktor, ich habe immer so Magenschmerzen.
■ Herr Keller, Sie müssen vorsichtig sein, Sie dürfen nicht so viel arbeiten.

● Herr Doktor, ich habe immer …
■ Herr Keller,
a) Sie *müssen* viel schlafen. →
b) Sie _____ viel Obst essen. →
c) Sie _____ nicht Fußball spielen. →
d) Sie _____ Tabletten nehmen. →
e) Sie _____ keinen Kuchen essen. →
f) Sie _____ nicht so viel rauchen. →
g) Sie _____ oft schwimmen gehen. →
h) Sie _____ keinen Wein trinken. →
i) Sie _____ nicht fett essen. →

● Was sagt der Arzt, Markus?
■ Er sagt, ich soll vorsichtig sein, und ich soll nicht so viel arbeiten.

● Was sagt der Arzt, Markus?
■ Er sagt,
   ich soll viel schlafen.
   _____
   _____
   _____
   _____
   _____
   _____
   _____
   _____

8. Bilden Sie den Imperativ.

● Was soll ich denn machen?

a) schwimmen gehen
   ■ *Geh doch schwimmen!*
b) eine Freundin besuchen
c) Freunde einladen
d) spazieren gehen
e) etwas lesen
f) eine Stunde schlafen
g) das Kinderzimmer aufräumen
h) einen Brief schreiben
i) einkaufen gehen
j) das Geschirr spülen
k) das Abendessen vorbereiten
l) fernsehen
m) endlich zufrieden sein

9. Wie heißt das Gegenteil?

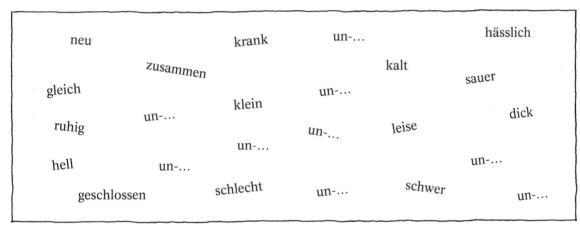

neu   krank   un-...   hässlich

zusammen   kalt   sauer

gleich   un-...

un-...   klein   dick

ruhig   un-...   leise

un-...

hell   un-...   un-...

geschlossen   schlecht   un-...   schwer   un-...

a) alt _____
b) gefährlich _____
c) glücklich _____
d) bequem _____
e) gut _____
f) modern _____
g) vorsichtig _____
h) zufrieden _____
i) leicht _____
j) heiß _____
k) nervös _____
l) süß _____

m) ehrlich _____
n) gesund _____
o) schlank _____
p) verschieden _____
q) schön _____
r) günstig _____
s) wichtig _____
t) laut _____
u) groß _____
v) dunkel _____
w) geöffnet _____
x) getrennt _____

Nach Übung

15

im Kursbuch

10. Ilona Zöllner hat auf dem Schiff „MS Astor" Urlaub gemacht. Was hat sie dort jeden Tag gemacht? Schreiben Sie.

a) _Um halb neun ist ..._

b) _Dann ..._

c) _Danach ..._

d) _Sie hat ..._

e) _und ..._

f) _Um ein Uhr ..._

g) _Von drei bis vier Uhr ..._

h) _Dann ..._

i) _Um fünf Uhr ..._

j) _Danach ..._

k) _Um sechs Uhr ..._

l) _Abends ..._

11. Ihre Grammatik. Ergänzen Sie.

Nach Übung
15
im Kursbuch

* Perfekt mit „sein"

Infinitiv	Partizip II
anfangen	angefangen
	angerufen
	geantwortet
	gearbeitet
	aufgehört
	aufgemacht
	aufgeräumt
	aufgestanden*
	ausgegeben
	ausgesehen
	gebadet
	gebaut
	beantwortet
	bedeutet
	bekommen
	beschrieben
	bestellt
	besucht
	bezahlt
	geblieben*
	gebraucht
	gebracht
	diskutiert
	geduscht
	eingekauft
	eingeladen
	eingeschlafen*
	entschieden
	erzählt
	gegessen
	gefahren*
	gefeiert
	ferngesehen
	gefunden
	fotografiert
	gefragt
	gefrühstückt

Infinitiv	Partizip II
	funktioniert
	gegeben
	gegangen*
	geglaubt
	geguckt
	gehabt
	geheißen
	geholfen
	hergestellt
	geholt
	gehört
	informiert
	gekauft
	gekannt
	geklingelt
	gekocht
	gekommen*
	kontrolliert
	korrigiert
	gekostet
	gelebt
	geliehen
	gelernt
	gelesen
	gelegen
	gemacht
	gemeint
	gemessen
	mitgebracht
	genommen
	gepasst
	passiert*
	geraucht
	gesagt
	geschaut
	geschlafen
	geschmeckt

Infinitiv	Partizip II
	geschnitten
	geschrieben
	geschwommen*
	gesehen
	gewesen*
	gespielt
	gesprochen
	gespült
	stattgefunden
	gestanden
	gestimmt
	gestört
	studiert
	gesucht
	getanzt
	telefoniert
	getroffen
	getrunken
	getan
	umgezogen*
	verboten
	verdient
	vergessen
	verglichen
	verkauft
	verstanden
	vorbereitet
	vorgehabt
	gewartet
	gewaschen
	weitergesucht
	gewusst
	gewohnt
	gezeichnet
	zugehört

Nach Übung
15
im Kursbuch

12. Ergänzen Sie die Übersicht.

Sie finden Beispiele in Übung 11.

-t		-en	
	ge▨▨t		ge▨en
hat	gekauft	hat	getroffen
hat	gearbeitet	ist	gegangen
	▨ge▨t		▨ge▨en
hat	aufgeräumt	hat	ferngesehen
		ist	eingeschlafen
	▨t		
hat	verkauft		
			▨en
		hat	bekommen

13. Welche Form passt nicht in die Gruppe?

Nach Übung

15

im Kursbuch

a) Ⓐ angefangen
   Ⓑ eingeschlafen
   Ⓒ eingekauft
   Ⓓ mitgekommen

c) Ⓐ gefragt
   Ⓑ geschlafen
   Ⓒ gehabt
   Ⓓ gefrühstückt

e) Ⓐ aufgehängt
   Ⓑ hergestellt
   Ⓒ mitgenommen
   Ⓓ aufgeräumt

g) Ⓐ gebraucht
   Ⓑ gearbeitet
   Ⓒ gewartet
   Ⓓ geantwortet

b) Ⓐ geschrieben
   Ⓑ umgezogen
   Ⓒ gegangen
   Ⓓ geblieben

d) Ⓐ geholfen
   Ⓑ genommen
   Ⓒ gesprochen
   Ⓓ gekauft

f) Ⓐ passiert
   Ⓑ fotografiert
   Ⓒ ferngesehen
   Ⓓ studiert

h) Ⓐ geschwommen
   Ⓑ gefunden
   Ⓒ getrunken
   Ⓓ gesucht

14. Welches Wort passt?

Nach Übung

15

im Kursbuch

a) Sie müssen _____ zum Arzt gehen.
b) Mein Magen hat _____ wehgetan, ich habe sofort eine Tablette genommen.
c) Was hast du denn _____ gemacht?
d) Ich bin nicht wirklich krank, ich bin _____ ein bisschen erkältet.
e) 5000 Euro, das ist _____! Ich bezahle _____ 3000.
f) ● _____ gehst du denn schwimmen?
   ■ Nicht so _____, nur jeden Montag.
g) Bis Sonntag bist du _____ wieder gesund.
h) Möchtest du noch _____ Milch?
i) Du musst _____ mitkommen, es ist sehr wichtig.
j) Ich habe nicht viel Zeit, _____ eine Stunde.
k) Ich kann nicht mitspielen. Ich bin _____ krank.

> bestimmt   bloß   gar nicht
> ein bisschen   oft   gern   nur
> häufig   höchstens   unbedingt
> wie lange   wie oft
> plötzlich   fast   spät
> selbst   wirklich
> unbedingt   höchstens   zu viel

15. Bilden Sie den Imperativ.

Nach Übung

17

im Kursbuch

  ● Was sollen wir denn machen?
a) schwimmen gehen
  ■ *Geht doch schwimmen!* _____

b) Musik hören
c) Freunde besuchen
d) Freunde einladen
e) Fußball spielen
f) einkaufen gehen
g) für die Schule arbeiten
h) fernsehen
i) ein bisschen aufräumen
j) ein Buch lesen
k) spazieren gehen
l) Musik machen
m) endlich zufrieden sein

Nach Übung

17

im Kursbuch

16. Ihre Grammatik. Ergänzen Sie den Imperativ.

	du	ihr	Sie
kommen		kommt	
geben			
essen	iss		
lesen			
nehmen			
sprechen			sprechen sie
vergessen			
einkaufen			
(ruhig) sein			

Nach Übung

17

im Kursbuch

17. Ihre Grammatik. Ergänzen Sie.

a) Nehmen Sie abends ein Bad!
b) Ich soll abends ein Bad nehmen.
c) Sibylle hat abends ein Bad genommen.
d) Trink nicht so viel Kaffee!

	Vorfeld	Verb$_1$	Subj.	Angabe	Ergänzung	Verb$_2$
a)	_____	Nehmen	Sie	abends	ein Bad!	
b)	_____					
c)	_____					
d)	_____					

Nach Übung

20

im Kursbuch

18. Schreiben Sie einen Brief.

Sie haben einen Skiunfall gehabt. Schreiben Sie an einen Freund / eine Freundin.

am Nachmittag Ski gefahren   zum Arzt gegangen

Fuß hat sehr wehgetan   fantastisch

nicht vorsichtig gewesen   nicht mehr Ski fahren dürfen

schon zwei Wochen in Lenggries   gefallen

morgen nach Hause fahren   aber gestern Unglückstag

Lenggries, . . .

Lieb. . .
ich bin schon zwei . . .
Der Urlaub war . . .
Aber gestern . . .

Vocabulary

verbs

abfahren	to depart, to set off	lassen	to let
abholen	to pick up, to fetch	losfahren	to set off
abstellen	to switch off	malen	to paint
ansehen	to look at	merken	to notice
anstellen	here: to switch on	operieren	to operate on
ausmachen	to switch off	parken	to park
aussteigen	to get out of, to get off	putzen	to clean
		rufen	to call
ausziehen	to move out	sitzen	to sit
einsteigen	to get in, to get on	telefonieren	to telephone, to call
fallen	to fall	tragen	here: to wear
geben	to give	überlegen	to think, to consider
gewinnen	to win	umziehen	to move
gießen	to water	vorbeikommen	to call in, to drop in
heiraten	to get married	wecken	to wake (sb) up
kennenlernen	to meet (for the first time)	wegfahren	to go away
		weinen	to cry, to weep
kündigen	to give notice		

nouns

e Adresse, -n	address	e Heizung	heating (system)
r April	April	e Jacke, -n	jacket, coat
r August	August	r Januar	January
e Autobahn, -en	motorway, highway	r Juni	June
e Bank, ⸚e	bench	r Juli	July
r Bericht, -e	report	e Katze, -n	cat
r Besuch, -e	visit	r Kindergarten, ⸚	nursery school, kindergarten
e Blume, -n	flower		
r Boden, ⸚	here: floor	r Knopf, ⸚e	button
r Brief, -e	letter (mail)	r Lehrling, -e	apprentice
s Büro, -s	office	s Loch, ⸚er	hole
e Decke, -n	here: ceiling	s Mädchen, -	girl
r Dezember	December	r Mai	May
s Fahrrad, ⸚er	bicycle	r Maler, -	here: decorator
e Farbe, -n	colour, paint	r Mann, ⸚er	man, male person
r Februar	February	r März	March
e Freundin, -nen	female friend	e Möglichkeit, -en	possibility, option
r Freund, -e	male friend	r November	November
e Haltestelle, -n	busstop, tramstop	r Oktober	October
r Handwerker, -	skilled manual worker (e.g. decorator, plumber)	r Parkplatz, ⸚e	car park
		s Pech	bad luck
		e Polizei	police

e Polizistin, -nen	*policewoman*	s Theater, -	*theatre*
r Polizist, -en	*policeman*	e Treppe, -n	*stairs*
e Prüfung, -en	*exam*	e Tür, -en	*door*
e Reise, -n	*journey, trip*	r Unfall, ⸚e	*accident*
e Sache, -n	*thing,* here: *matter*	r Vater, ⸚	*father*
e Schule, -n	*school*	e Wand, ⸚e	*wall*
r September	*September*	e Welt	*world*
e Stadt, ⸚e	*town, city*	r Zettel, -	*piece of paper, note*
r Supermarkt, ⸚e	*supermarket*		

adjectives

falsch	*wrong*	still	*quiet, silent*
schrecklich	*terrible, dreadful*		

adverbs

allein	*alone, by oneself*	gerade	*at this moment*
auf einmal	*suddenly*	gestern	*yesterday*
außerdem	*in addition, as well*	letzt-	*last*
diesmal	*this time*	selbstverständlich	*certainly, naturally*
einfach	*simply*	wieder	*again*

expressions

Besuch haben	*to have visitors*	nach Hause	*(to go) home*
Bis bald!	*See you soon!*	verabredet sein	*to have arranged*
da sein	*to be around*		*to meet sb,*
ein paar	*a few, some*		*to have a date*
Grüß dich!	*Hello, hi!*	weg sein	*to be away*
Klar!	*Of course!*		

Grammar

1. The perfect tense: additional features in the formation of past participles
(§ 30 p. 140, § 37 p. 142)

You learnt in the previous chapter how to express actions in the past by using the perfect tense. For the formation of this tense you need to know the past participles of every single verb, which you will gradually learn.
Remember: there are weak and strong verbs.

ex.
4
5
9

1.1. The past participles of separable verbs
When forming the past participle of a separable verb *ge-* goes between the prefix and the rest of the verb.

weak separable verbs			strong separable verbs		
aufhängen	→	hat aufgehängt	anfangen	→	hat angefangen
einkaufen	→	hat eingekauft	ausgeben	→	hat ausgegeben
herstellen	→	hat hergestellt	fernsehen	→	hat ferngesehen
vorhaben	→	hat vorgehabt	umziehen	→	ist umgezogen
zuhören	→	hat zugehört	stattfinden	→	hat stattgefunden
mitbringen	→	hat mitgebracht	hinfallen	→	ist hingefallen

1.2. Past participles without ge-
The following verbs form their past participle without *ge-*:

1.2.1. verbs with the prefixes be-, ent-, er-, and ver-. These verbs are called non-separable verbs.

weak non-separable verbs			strong non-separable verbs		
besuchen	→	hat besucht	bekommen	→	hat bekommen
bedienen	→	hat bedient	beschreiben	→	hat beschrieben
entschuldigen	→	hat entschuldigt	entscheiden	→	hat entschieden
erzählen	→	hat erzählt			
erkennen	→	hat erkannt			
verdienen	→	hat verdient	verbieten	→	hat verboten
verkaufen	→	hat verkauft	vergessen	→	hat vergessen

1.2.2. verbs ending in -ieren. They are always weak.

diskutieren	→	hat diskutiert
operieren	→	hat operiert
passieren	→	ist passiert

ex.
6
7

2. The simple past tense of *haben* and *sein* (§ 28 p. 139)

The German language has two tenses expressing actions in the past, the perfect tense which is mainly used in spoken German and in personal letters, and the simple past tense which is mainly used in formal written German. The verbs *haben* and *sein*, however, are mainly used in the simple past tense both in spoken and written German.

	ich	du	er, sie, es	wir	ihr	sie, Sie
haben	hatte	hattest	hatte	hatten	hattet	hatten
sein	war	warst	war	waren	wart	waren

- Was habt ihr am Wochenende gemacht?
- Samstag waren wir zu Hause. Am Vormittag haben wir eingekauft. Am Nachmittag haben wir im Garten gearbeitet. Abends hatten wir Besuch.

These sentences demonstrate that you still use the simple past tense of *haben* and *sein* even if the rest of the text is in the perfect tense.

3. Verbs with vowel change

Here are some more verbs that have a vowel change in the second (du) and third person (er, sie, es) singular:

infinitive	first person	second person	third person	plural
geben	ich gebe	du gibst	er gibt	. . .
lassen	ich lasse	du lässt	er lässt	. . .
tragen	ich trage	du trägst	er trägt	. . .

4. Expressions of place

ex.
10
11
12

4.1. The preposition *in* taking the dative or the accusative case (§ 16 p. 135)

The preposition *in* can either take the dative or the accusative case.

a) It takes the accusative case if the verb expresses a movement from A to B. The interrogative *wohin?* is used to ask about the destination of the movement (see chapter 1, 4.4).
- **Wohin** geht Frau Winter?   - Sie geht **in den** Supermarkt.

b) It takes the dative case if the verb expresses an activity in one place or movement within a limited space (see chapter 5, 3.). The interrogative *wo?* is used for this place (see chapter 1, 4.4).
- **Wo** arbeitet Frau Winter?   - Sie arbeitet **im** Supermarkt.
- **Wo** geht sie spazieren?   - Sie geht **im** Park spazieren.

nominative case	accusative case / wohin?	dative case / wo?
der Park die Küche das Haus	den Park / in den Park gehen die Küche / in die Küche das Haus / ins (= in das) Haus	dem Park / im (= in dem) Park der Küche / in der Küche dem Haus / im (= in dem) Haus

4.2. The prepositions *in, zu, nach* (§ 16a p. 135, § 45 p. 145)

The three prepositions *in* (+ accusative), *zu* and *nach* are used to express movement from A to B and can all be translated into English by *to* or *into*. They are, however, used in different contexts.

	usage	examples
in	movement into a building, a room or space that is perceived as three-dimensional or a country with an article (in + acc)	Frau Müller geht in den Supermarkt. Frau Müller geht in die Küche. Frau Müller geht in den Wald. Sie fährt in die Schweiz.
zu	movement to a place, a person or a person's house (zu + dat, zu + name)	Karl geht zur Haltestelle. Er geht heute Abend zu Sabine. Er geht zum Arzt.
nach	movement to a country (without an article), town, village, or island (nach + geographical name) and *nach Hause*.	Sie fliegt morgen nach Amerika, zuerst nach New York und dann nach Hawaii. Ich gehe jetzt nach Hause.

Remember: This is how you use the preposition *zu*:

with names: Ich gehe <u>zu</u> Sabine.
with masculine nouns: Ich gehe <u>zum</u> Supermarkt. (derived from zu + dem)
with feminine nouns: Ich gehe <u>zur</u> Haltestelle. (derived from zu + der)
with neuter nouns: Ich gehe <u>zum</u> Hotel. (derived from zu + dem)

4.3. Exercise:

Accusative or dative case? Tick the correct option.

a) Ich bin am Mittwoch | (1) im | Theater gewesen.
　　　　　　　　　　　　| (2) ins |

b) Lisas Bein hat sehr wehgetan und wir haben sie | (1) im | Krankenhaus gebracht.
　　　　　　　　　　　　　　　　　　　　　　　　　　| (2) ins |

c) Kommst du heute Abend mit | (1) in der | Diskothek?
　　　　　　　　　　　　　　　　| (2) in die |

d) Frau Karles bringt jeden Tag die Kinder | (1) in den | Kindergarten.
　　　　　　　　　　　　　　　　　　　　　　| (2) im |

e) Deine Bücher liegen | (1) im | Wohnzimmer.
　　　　　　　　　　　　| (2) ins |

f) Mach doch bitte das Licht | (1) in die | Garage aus.
　　　　　　　　　　　　　　　| (2) in der |

g) Geh bitte | (1) in die | Garage und mach das Licht aus.
| (2) in der |

h) Wir haben | (1) im | Restaurant Adler gegessen.
| (2) ins |

i) Ich habe die Jacke | (1) im | Schrank getan.
| (2) in den |

j) Die Jacke ist | (1) im | Schrank.
| (2) in den |

4.4. Exercise:

Please complete the sentences with *wo?* or *wohin?*.

a) ● _____ fährt Heike Ski? ▪ In Lenggries.
b) ● _____ hast du meine Hose getan? ▪ In den Schrank.
c) ● _____ habt ihr Maria gebracht? ▪ Zur Haltestelle.
d) ● _____ war Jochen gestern Abend? ▪ In der Diskothek.
e) ● _____ fliegt Herr Heinemann? ▪ Nach Frankfurt.
f) ● _____ ist der Unfall passiert? ▪ Im Schwimmbad.

4.5. Exercise:

Please complete the text with the prepositions *in, zu* or *nach*.

Liebe Mutti,

die Schiffsreise _____ Griechenland ist herrlich. Morgens stehen Peter und ich immer erst gegen 10 Uhr auf. Dann gehen wir _____ Schiffsrestaurant und frühstücken. Ich gehe dann oft _____ Frisör oder _____ Sauna. Wir haben hier Julia und Romano kennengelernt. Die sind sehr nett. Peter geht oft _____ Romano, und dann spielen sie zusammen Karten. Morgen wollen wir einen Landausflug _____ Kreta machen. Wir fahren mit dem Bus _____ Knossos und besuchen das Labyrinth von König Minos. Interessant, oder?

Herzliche Grüße
deine Maria

5. Expressions of time

5.1. The use of the prepositions *in* and *an* in expressions of time

You have already been introduced to the prepositions *in* and *an* in the context of expressions of place. They are also used in expressions of time when they always use the dative case.

an + days of the week and times of the day	in + months and seasons
am Montag, am Dienstag ...	im Januar, im Februar ...
am Morgen, am Vormittag ...	im Sommer, im Frühling, im Herbst,
(**but:** in der Nacht)	im Winter
am Wochenende	

5.2. The use of *jed-*, *nächst-* and *letzt-* in expressions of time

The words *jed-* (every), *nächst-* (next) and *letzt-* (last) in the accusative case and without an article can be used in expressions of time.

der Montag	jeden Montag (every Monday)	nächsten Montag (next Monday)	letzten Montag (last Monday)
die Woche	jede Woche (every week)	nächste Woche (next week)	letzte Woche (last week)
das Jahr	jedes Jahr (every year)	nächstes Jahr (next year)	letztes Jahr (last year)

6. Personal pronouns in the accusative case (§ 11 p. 133, § 41 p. 144)

In chapter 2 you were introduced to the personal pronouns in the nominative case. In this chapter you learn the third person singular and plural of the personal pronouns in the accusative case. They replace nouns in the accusative case to avoid repetition (see chapter 2, 1.).

	nominative	accusative
masc.	**Der Hund** hat Hunger.	Du musst **ihn** (= den Hund) füttern.
fem.	**Die Wohnung** ist billig.	Ich habe **sie** (= die Wohnung) sofort gemietet.
neut.	**Das Zimmer** ist schön.	Jemand hat **es** (= das Zimmer) aufgeräumt.
plural	**Die Schuhe** sind sauber.	Ich habe **sie** (= die Schuhe) geputzt.

7. Sentence structure (§ 38 p. 143, § 46 p. 146)

preverbal position	verb 1	subject	complement	qualifiers	complement	verb 2
Um 7.00 Uhr	muss	Herr Kolb			Jens	wecken.
Dann	muss	er	ihn	sofort		anziehen.
Um halb acht	**muss**	**er**	**Jens**		**in die Schule**	**bringen.**
Danach	muss	er			die Wäsche	waschen.
Er	**muss**		**sie**		**in den Schrank**	**tun.**

As you can see from the table above there are sentences with two complements. One complement is between the subject position and that of the modifiers. Complements that express the destination of a movement take the complement position before the position verb 2. The personal pronouns in the accusative case virtually always follow the subject position. They rarely take the preverbal position and never the complement position before position verb 2.

7.1. Exercise:

Change the word order. Write down all possible options.

a) Um 7.40 Uhr muss er Jens in den Kindergarten bringen.

   1. _____

   2. _____

   3. _____

b) Sie muss zwei Wochen im Krankenhaus bleiben.

   1. _____

   2. _____

7.2. Exercise:

Replace the noun in the accusative case by a personal pronoun. Watch your word order.

a) Kannst du bitte die Katze füttern? _____

b) Ich habe gestern das Bad geputzt. _____

c) Du musst unbedingt den Keller aufräumen. _____

d) Hast du auch im Wohnzimmer die Heizung angestellt? _____

e) Bitte wasch morgen die Wäsche. _____

1. Welches Verb passt?

Nach Übung

2

im Kursbuch

a) einen Brief   eine Karte   ein Buch   einen Satz   _____
b) Wasser   Saft   Bier   Kaffee   Tee   _____
c) das Auto   die Wäsche   die Hände   die Füße   _____
d) eine Prüfung   das Essen   einen Ausflug   ein Foto   _____
e) einen Kaffee   das Essen   eine Suppe   Wasser   _____
f) Deutsch   Ski fahren   einen Beruf   kochen   _____
g) Fahrrad   Auto   Ski   _____
h) ins Büro   ins Theater   tanzen   ins Bett   einkaufen   _____
i) Freunde   Jochen   Frau Baier   einen Kollegen   _____
j) Lebensmittel   Obst   im Supermarkt   _____

> einkaufen   fahren
> gehen   treffen
> kochen
> lernen
> machen
> waschen
> schreiben
> trinken

Nach Übung

2

im Kursbuch

2. Was hat Familie Tietjen am Sonntag gemacht? Schreiben Sie.

a) Frau Tietjen

Am Morgen:	lange schlafen
	duschen
Am Mittag:	das Essen kochen
Am Nachmittag:	Briefe schreiben
	Radio hören
Am Abend:	das Abendessen machen
	die Kinder ins Bett bringen

Am Morgen hat sie lange geschlafen und dann _____
Am Mittag hat sie _____
Am Nachmittag _____
Am _____

b) Herr Tietjen

Am Morgen:	mit den Kindern frühstücken
	Auto waschen
Am Mittag:	das Geschirr spülen
Am Nachmittag:	im Garten arbeiten
	mit dem Nachbarn sprechen
Am Abend:	im Fernsehen einen Film sehen
Um halb elf:	ins Bett gehen

c) Sonja und Ulla

Am Morgen:	im Kinderzimmer spielen
	Bilder malen
Am Mittag:	um halb eins essen
Am Nachmittag:	Freunde treffen
	zu Oma und Opa fahren
Am Abend:	baden
	im Bett lesen

Nach Übung

2

im Kursbuch

3. Ihre Grammatik. Lesen Sie zuerst das Grammatikkapitel 29 auf S. 140 im Kursbuch. Ergänzen Sie dann.

arbeiten   holen   frühstücken   ~~hören~~   weinen   kaufen   schmecken   packen   ~~schwimmen~~
fallen   baden   tanzen   fahren   finden   kochen   kommen   trinken   sehen   warten   spülen
bauen   sein   geben   lernen   leben   lesen   fragen   gehen   spielen   feiern   stehen
duschen   schlafen   bleiben
schreiben   machen   heiraten   messen   rauchen   waschen   wohnen   ~~treffen~~

a)   ge–t (ge–et)
hat | *gehört* _____
     | ...

b)   ge–en
hat | *getroffen* _____
     | ...

ist | *geschwommen* _____
    | ...

Nach Übung

3

im Kursbuch

4. Der Privatdetektiv Holler hat Herrn Arendt beobachtet und Notizen gemacht.

a)   Ergänzen Sie die Notizen.

anrufen   trinken   bringen
spazieren gehen   sein
~~kommen~~   kaufen   warten
fahren   lesen   sprechen
einkaufen   gehen   parken

Dienstag, 7. Juni

7.30 Uhr	aus dem Haus *gekommen*
7.32 Uhr	an einem Kiosk eine Zeitung _____
7.34 – 7.50 Uhr	im Auto _____ und Zeitung _____
7.50 Uhr	zum City-Parkplatz _____
8.05 Uhr	auf dem City-Parkplatz _____
8.10 Uhr	in ein Café _____ und einen Kaffee _____
8.20 Uhr	mit einer Frau _____
bis 9.02 Uhr	im Café _____
bis 9.30 Uhr	im Stadtpark _____
9.30 Uhr	im HL-Supermarkt Lebensmittel _____
9.40 Uhr	Lebensmittel ins Auto _____
9.45 Uhr	in einer Telefonzelle jemanden _____

b) Was hat Herr Arendt gemacht? Schreiben Sie Sätze.

Um 7.30 Uhr ist Herr A. aus dem Haus gekommen. Er ...

Dann ...   _Um 7.50 Uhr ..._

Nach Übung

4

im Kursbuch

5. **Ihre Grammatik. Lesen Sie zuerst das Grammatikkapitel 30 auf S. 140 im Kursbuch. Ergänzen Sie dann.**

~~bleiben~~	anrufen	~~fernsehen~~	glauben	mitbringen	antworten	klingeln
spazieren gehen	leihen	umziehen	einschlafen	~~sehen~~	aufmachen	kommen
aufräumen	fallen	~~aufstehen~~	~~zuhören~~	suchen	herstellen	wissen	kennenlernen
wegfahren	stattfinden	überlegen	vorbereiten	~~verkaufen~~	weitersuchen	~~hören~~

a)

-ge–t (-ge–et)

hat | _zugehört_
...

ge–t (ge–et)

hat | _gehört_
...

–t (–et)

hat | _verkauft_
...

b)

-ge–en

hat | _ferngesehen_
...

ist | _aufgestanden_
...

ge–en

hat | _gesehen_
...

ist | _geblieben_
...

Nach Übung

5

im Kursbuch

6. **Das Präteritum von „sein" und „haben".**

a) ● Was ist passiert?

■ Ich _____ Pech, ich bin gefallen.

b) ● Warum seid ihr am Dienstag nicht gekommen? Wo _____ ihr?

■ Wir _____ zu Hause. Wir _____ Besuch.

c) ● Welchen Beruf _____ dein Großvater?

■ Er _____ Bäcker.

d) ● Wie geht es den Kindern?

■ Jetzt wieder gut; aber sie _____ beide Grippe und _____ zehn Tage nicht in der Schule.

e) ● Warum sprichst du nicht mehr mit Thomas? _____ ihr Streit?

■ Ja!

f) ● Warum hast du so lange nicht angerufen? _____ du keine Zeit oder _____ du im Urlaub?

■ Nein, ich _____ einen Unfall und _____ drei Wochen im Krankenhaus.

g) ● Wie war Ihre Reise? _____ Sie keine Probleme?

■ Nein, alles _____ in Ordnung.

LEKTION 7

Nach Übung

5

im Kursbuch

7. Ihre Grammatik. Ergänzen Sie.

	ich	du	er, sie, es, man	wir	ihr	sie, Sie
sein	*war*					
haben	*hatte*					

Nach Übung

6

im Kursbuch

8. Welches Wort passt nicht?

a) ausziehen – Wohnung – wegfahren – mieten – umziehen – kündigen
b) Pech – Krankenhaus – Ärztin – operieren – Medikament – Apotheke
c) Polizist – Chef – Arzt – Bäcker – Kellner – Friseurin
d) wissen – kennen – kennenlernen – lernen – mitnehmen
e) Tür – Fenster – Treppe – Sache – Wand
f) ein paar – wenige – viele – alle – auch
g) überlegen – gewinnen – meinen – glauben
h) grüßen – malen – zeichnen – schreiben
i) Unfall – Fahrrad – Polizist – hinfallen – verabredet sein
j) holen – bringen – fallen – mitnehmen

Nach Übung

6

im Kursbuch

9. Ergänzen Sie.

fotografieren   verstehen   bezahlen   erzählen   sagen

bekommen   operieren

bestellen   verkaufen   besuchen   vergessen

a) ● Hast du selbst _____ ?
   ■ Nein, Ludwig hat die Fotos gemacht.
b) ● Haben Sie schon _____ ?
   ■ Nein! Ich möchte bitte ein Hähnchen mit Salat.
c) ● Warum gehst du zu Fuß? Hast du dein Auto _____?
   ■ Nein, es ist kaputt.
d) ● Haben Sie meinen Brief schon _____?
   ■ Nein, noch nicht.
e) ● Wo wart ihr?
   ■ Im Krankenhaus. Wir haben Thomas _____. Man hat ihn _____.
f) Was haben Sie _____? Ich habe Sie nicht _____. Es ist so laut hier.
g) ● Hast du die Rechnung schon _____?
   ■ Nein, das habe ich _____. Entschuldigung!
h) ● Woher weißt du das?
   ■ Regina hat das _____.

10. Bilden Sie Sätze.

Nach Übung
9
im Kursbuch

> Bring das Fahrrad
> bitte in die Garage.

> Tu den Mantel
> bitte in den Schrank.

a) Pullover → Kommode
b) Bücher → Regal
c) Geschirr → Küche
d) Fußball → Kinderzimmer
e) Geschirr → Spülmaschine
f) Flaschen → Keller
g) Film → Kamera
h) Papier → Schreibtisch
i) Butter → Kühlschrank
j) Wäsche → Waschmaschine
k) Kissen → Wohnzimmer

11. Wo ist ...? Schreiben Sie.

Nach Übung
9
im Kursbuch

a) ● Wo ist mein Mantel? (Schrank) ■ _Im Schrank._ _____
b) ● Wo ist mein Fußball? (Garten) ■ _____
c) ● Wo ist mein Pullover? (Kommode) ■ _____
d) ● Wo sind meine Bücher? (Regal) ■ _____
e) ● Wo ist mein Briefpapier? (Schreibtisch) ■ _____
f) ● Wo sind meine Schuhe? (Flur) ■ _____
g) ● Wo ist mein Koffer? (Keller) ■ _____

12. „In" + Akkusativ oder „in" + Dativ? Ergänzen Sie.

Nach Übung
9
im Kursbuch

„in dem" = „im", „in das" = „ins"

a) _in der_____ Bibliothek | arbeiten
   _____ Krankenhaus |
   _____ Kindergarten |

b) _____ Wohnung | bleiben
   _____ Garten |
   _____ Zimmer |

c) _____ Garage | fahren
   _____ Parkhaus |
   _____ Stadt |

d) _____ Kinderzimmer | spielen
   _____ Garten |
   _____ Wohnung |

e) _____ Stadt | spielen
   _____ Park |
   _____ Wald |

f) _____ Diskothek | tanzen
   _____ Wohnzimmer |
   _____ Garten |

g) _____ Tasse | gießen
   _____ Flasche |
   _____ Glas |

h) _____ Telefonzelle | telefonieren
   _____ Hotel |
   _____ Auto |

i) _____ Schlafzimmer | bringen
   _____ Keller |
   _____ Küche |

j) _____ Koffer | tun
   _____ Kommode |
   _____ Regal |

Nach Übung

10

im Kursbuch

13. Ergänzen Sie.

a) Pullover : waschen / Schuhe : _____
b) Spülmaschine : abstellen / Licht : _____
c) Kopf : Mütze / Füße : _____
d) spielen : Kindergarten / lernen : _____
e) Katze : füttern / Blume : _____
f) Geld : leihen / Wohnung : _____
g) abends : ins Bett bringen / morgens : _____
h) aus : abstellen / an : _____
i) schreiben : Brief / anrufen : _____
j) fantastisch : gut / schrecklich : _____

Nach Übung

10

im Kursbuch

14. „Ihn", „sie" oder „es"? Was passt?

a) ● Ist Herr Stoffers wieder zu Hause?
   ■ Ja, ich habe _____ gestern gesehen.
b) ● Ist der Hund von Frau Wolters wieder gesund?
   ■ Nein, sie bringt _____ morgen zum Tierarzt.
c) ● Ist Frau Zenz immer noch im Krankenhaus?
   ■ Nein, ihre Schwester hat _____ gestern nach Hause gebracht.
d) ● Ist die Katze von Herrn Wilkens wieder da?
   ■ Ich glaube nein. Ich habe _____ lange nicht gesehen.
e) ● Hat Frau Wolf ihr Baby schon bekommen?
   ■ Ja, ich habe _____ schon gesehen.
f) ● Wie geht es Dieter und Susanne?
   ■ Gut. Ich habe _____ Freitag angerufen.
g) ● Kann Frau Engel morgen wieder arbeiten?
   ■ Ich weiß es nicht.
   ● Gut, dann rufe ich _____ heute mal an und frage _____.

Nach Übung

10

im Kursbuch

15. Was soll Herr Winter machen? Was sagt seine Frau? Schreiben Sie.

a) jede Woche das Bad putzen
   Vergiss bitte das Bad nicht.
   Du musst es jede Woche putzen.

b) jeden Abend die Küche aufräumen
c) jeden Morgen den Hund füttern
d) jede Woche die Blumen gießen
e) unbedingt den Brief von Frau Berger beantworten
f) jeden Abend das Geschirr spülen
g) unbedingt die Hausaufgaben kontrollieren
h) meinen Pullover heute noch waschen
i) meine Krankenversicherungskarte zu
   Dr. Simon bringen
j) abends den Fernsehapparat abstellen

16. Hast du das schon gemacht? Ergänzen Sie die Verben.

> – Wäsche waschen
> – Koffer packen
> – Geld holen
> – Filme kaufen
> – Wohnung aufräumen
> – machen
> – Hund zu Frau Bloch bringen
> – zur Apotheke fahren, Reisetabletten kaufen
> – mit Tante Ute sprechen, Katze hinbringen
> – Auto aus der Werkstatt holen – nicht vergessen!

● _____ du die Wäsche _____?

■ Ja. Ich _____ auch schon den Koffer _____ . Und du? _____ du Geld
_____ ?

● Natürlich, und ich _____ Filme _____ und die Wohnung
_____ . Und was _____ du noch _____ ?

■ Ich _____ den Hund zu Frau Bloch _____ . Und ich _____ zur
Apotheke _____ und _____ Reisetabletten _____ . –
_____ du schon mit Tante Ute _____ ?

● Ja, sie nimmt die Katze. Ich _____ sie schon _____ . – _____ du das
Auto aus der Werkstatt _____ ?

■ Entschuldige, aber das _____ ich ganz _____ .

● Na gut, dann fahren wir eben morgen.

17. Was passt zusammen?

> sitzen   aufwachen   weggehen   parken   anstellen
>
> weiterfahren   rufen   zurückkommen
>
> aufhören   aussteigen   weg sein   abholen   suchen

a) einschlafen – _____
b) da sein – _____
c) stehen – _____
d) weggehen – _____
e) hören – _____
f) fahren – _____
g) abstellen – _____

h) bringen – _____
i) wiederkommen – _____
j) anfangen – _____
k) halten – _____
l) finden – _____
m) einsteigen – _____

Nach Übung

15

im Kursbuch

18. Ordnen Sie die Wörter.

a) ☐ gleich   ☐ sofort   ☐ jetzt   ☐ später   ☐ bald

b) ☐ um 11.00 Uhr   ☐ gegen 11.00 Uhr   ☐ nach 11.00 Uhr

c) ☐ gestern früh   ☐ heute Mittag   ☐ gestern Abend   ☐ heute Morgen
☐ morgen Nachmittag   ☐ morgen Abend   ☐ morgen früh

d) ☐ später   ☐ dann   ☐ zuerst   ☐ danach

e) ☐ immer   ☐ nie   ☐ oft   ☐ manchmal

f) ☐ viel   ☐ alles   ☐ etwas   ☐ ein bisschen

Nach Übung

15

im Kursbuch

19. „Schon", „noch", „noch nicht", „nicht mehr", „erst"? Was passt?

a) Telefon habe ich _____ . Das bekomme ich _____ in vier Wochen.

b) Sie wohnt _____ in der Mozartstraße, sie ist schon umgezogen. Sie wohnt jetzt in der Eifelstraße.

c) Ich war sehr müde, aber ich bin _____ um ein Uhr nachts eingeschlafen.

d) ● Es ist schon spät, wir müssen gehen.   ■ Ja, ich weiß. Ich muss _____ die Waschmaschine abstellen, dann komme ich.

e) Ich habe _____ fünfmal angerufen, aber es war niemand zu Hause.

f) Sie ist 82 Jahre alt, aber sie fährt _____ Auto.

g) Mathias ist _____ drei Jahre alt, aber er kann _____ schwimmen.

h) ● Möchtest du eine Zigarette?   ■ Nein, danke! Seit vier Wochen rauche ich _____ .

i) Die Spülmaschine funktioniert _____ , sie ist kaputt.

Nach Übung

15

im Kursbuch

20. Was passt wo?

Herzliche Grüße   Auf Wiedersehen   Liebe Grüße   Guten Morgen

Lieber Herr Heick   Guten Abend   Tschüs

Hallo Bernd   Lieber Christian   Guten Tag   Sehr geehrte Frau Wenzel

a) Was schreibt man?

_____

b) Was sagt man?

_____

Vocabulary

verbs

besorgen	*to get (to buy), to see to*	schicken	*to send*
		stehen	*to stand*
einzahlen	*to pay in*	stellen	*to put (upright)*
erledigen	*to attend to, to take care of*	übernachten	*to stay overnight*
		verwenden	*to use, to utilise*
fehlen	*to be lacking*	wechseln	*to change (money)*
fliegen	*to fly*	ziehen	*to pull, here: to move (to)*
legen	*to lay, to put*		
reinigen	*to (dry) clean*	zurückgeben	*to return, to give back*
reparieren	*to repair*		

nouns

e Abfahrt	*departure*	e Metzgerei, -en	*butcher's*
e Auskunft, ¨e	*information*	e Mitte	*middle*
e Bäckerei, -en	*bakery*	s Museum, Museen	*museum*
e Bahn	*railway*	r Norden	*north*
e Briefmarke, -n	*stamp*	e Oper, -n	*opera*
e Buchhandlung, -en	*bookshop*	r Osten	*east*
r Bürger, -	*citizen*	s Paket, -e	*parcel, package*
r Bus, -se	*bus, coach*	r Park, -s	*park*
s Ding, -e	*thing, object*	r Pass, ¨e	*passport*
e Ecke, -n	*corner*	r Platz, ¨e	*square (market square), court (tennis court)*
e/r Erwachsene, -n (ein Erwachsener)	*adult*		
(s) Europa	*Europe*	e Post	*post office*
e Fahrkarte, -n	*(travel) ticket*	s Rathaus, ¨er	*town hall, city hall*
r Fahrplan, ¨e	*timetable*	e Reinigung, -en	*dry cleaner's*
e Fahrt, -en	*trip, journey*	r Rest, -e	*remainder, leftover*
r Flughafen, ¨	*airport*	r Schalter, -	*counter*
s Flugzeug, -e	*aeroplane*	r See, -n	*lake*
e Freiheit, -en	*freedom, liberty*	r Sohn, ¨e	*son*
s Gebäude, -	*building*	r Stadtplan, ¨e	*street map*
s Interesse, -n	*interest*	r Süden	*south*
r Journalist, -en	*journalist*	r Teil, -e	*part*
e/r Jugendliche, -n (ein Jugendlicher)	*youth, young person*	s Tor, -e	*gate*
		r Turm, ¨e	*tower*
e Kirche, -n	*church*	e Universität, -en	*university*
e Kleidung	*clothes*	e Wahl, -en	*choice*
r Krieg, -e	*war*	r Weg, -e	*road, way*
r Künstler, -	*artist*	r Westen	*west*
r Mantel, ¨	*overcoat*	e Zeichnung, -en	*drawing*
e Mauer, -n	*wall*	s Zentrum, Zentren	*centre*

adjectives

arbeitslos	*unemployed*	sozial	*social (welfare)*
berühmt	*famous*	voll	*full*
deutsch	*German*		

adverbs

anders	*differently*	rechts	*right*
geradeaus	*straight on*	völlig	*completely*
links	*left*		

function words

bis zu	*as far as*	über … nach …	*via … to*
so … wie …	*as … as*	von … nach …	*from … to*

expressions

Gehen Sie weiter geradeaus.	*Keep going straight on.*	zum Schluss	*finally*

Grammar

1. Prepositions taking the dative or accusative case (§ 15 p. 134, § 16 p. 135)

ex.
2
3
4
7
11
12
13
14
15
16
18
21

In the previous chapter you learnt that the preposition *in* can take the accusative **or** the dative case – depending on the verb of the sentence (see chapter 6, 4.1). In this chapter you will come across more prepositions of this group. The meaning of some prepositions can be easily translated into English: hinter – behind, neben – next to, über – above; across, unter – under, vor – in front of, zwischen – between. The others have already been explained (see chapter 5, 3.).

preposition	question	masculine	feminine	neuter
an	Wo ist er? Wohin geht er?	am Strand an den Strand	an der Tür an die Tür	am Fenster ans Fenster
auf	Wo ist er? Wohin geht er?	auf dem Balkon auf den Balkon	auf der Straße auf die Straße	auf dem Dach auf das Dach
hinter	Wo ist er? Wohin geht er?	hinter dem Turm hinter den Turm	hinter der Post hinter die Post	hinter dem Café hinter das Café
in	Wo ist er? Wohin geht er?	im Flur in den Flur	in der Apotheke in die Apotheke	im Kino ins Kino
neben	Wo ist er? Wohin geht er?	neben dem Turm neben den Turm	neben der Post neben die Post	neben dem Hotel neben das Hotel
über	Wo ist er? Wohin fliegt er?	über dem Platz über den Platz	über der Stadt über die Stadt	über dem Haus über das Haus
unter	Wo ist er? Wohin geht er?	unter dem Tisch unter den Tisch	unter der Bank unter die Bank	unter dem Dach unter das Dach
vor	Wo ist er? Wohin ? ...	vor dem Turm vor den Turm	vor der Kirche vor die Kirche	vor dem Café vor das Café
zwischen	Wo ist er? Wohin? ...	zwischen dem Schrank und	der Kommode zwischen die Kommode und	 das Regal

Remember: The preposition *auf* is used in conjunction with public buildings and the word *Toilette*.

Herr Koch ist		Herr Koch geht	
	auf dem Bahnhof.		auf den Bahnhof.
	auf der Post.		auf die Post.
	auf der Bank.		auf die Bank.
	auf dem Rathaus.		auf das Rathaus.
	auf der Polizeistation.		auf die Polizeistation.
	auf der Toilette.		auf die Toilette.

2. The verbs *stellen/stehen, legen/liegen*

These verbs often pose problems as they can easily be mixed up. The following examples, however, will show you that their use and meaning are quite different.

Ich stelle das Buch ins Regal.
I am putting the book onto the shelf.

Das Buch steht im Regal.
The book is on the shelf.

Ich lege das Buch auf den Tisch.
I am putting the book on (to) the table.

Das Buch liegt auf dem Tisch.
The book is on the table.

Stellen and *legen* are transitive verbs which means they require an accusative object. They express movement and therefore require the accusative case after the preposition.
Stehen and *liegen* express a stationary position and therefore require the dative case after the preposition.

3. Prepositions with the dative case (§ 15 p. 134, § 17 p. 136)

In the previous chapter you learnt how and when to use the prepositions *zu* and *nach*. Both are followed by the dative case. In this chapter you are introduced to further prepositions taking the dative case.

ex.
18
21

3.1. Prepositions in expressions of place

prep	use	question	examples	translation
bei	proximity to a place being at sb's house	Wo?	Bruck liegt bei Wien. Philipp ist bei Susanne. Philipp ist beim Arzt.	near Vienna at Susanne's (house) at the doctor's
zu	movement towards a place or a person's place	Wohin?	Philipp fährt zum Bahnhof. Philipp fährt zum Arzt. Philipp geht zu Susanne.	to the station to the doctor's to Susanne's (house)
nach	movement towards geographical places without an article (see chapter 7, 4.2)	Wohin?	Im Sommer fahre ich nach Frankreich. Morgen fahre ich nach Dublin. Morgen fliege ich nach Mallorca.	to France to Dublin to Mallorca
aus	place of origin; leaving a room or a place	Woher?	Martin kommt aus Berlin. Er kommt gerade aus dem Haus.	from Berlin leaving the house (out of)
von	starting point	Woher?	Wie kommt man mit dem Auto von Aachen nach Berlin? Ich komme von zu Hause.	from Aachen to Berlin from home

3.2. Prepositions with other meanings

prep	example	translation
aus	Das Kochfeld ist aus Glaskeramik.	made of
mit	Fährst du mit der Reisegruppe nach Hamburg? Dietmar ist mit dem Bus gefahren.	together with by bus (means of transport)
nach	Nach dem Krieg war Berlin völlig zerstört.	after a point in time
seit	Seit gestern habe ich Halsschmerzen. Seit drei Monaten lernt Steve Deutsch. (In both examples the action started in the past and continues into the present!)	since (point in time) for (duration)

3.3. Exercise:

Please complete the sentences with the prepositions *bei, zu, nach* and the articles in the dative case where necessary.

a) Ein Handwerker ist _____ Frau Driesen. Ihre Waschmaschine ist kaputt.

b) Mein Zahn tut so weh. Ich glaube, ich muss _____ Zahnarzt.

c) Frau Klages hat den Unfall gesehen. Sie ist _____ Polizei gegangen und hat alles erzählt.

d) Evi und Frank machen nächste Woche Urlaub. Sie fahren _____ Spanien.

e) Dirks Eltern waren nicht mehr da. Deshalb war er _____ Polizei und hat dort gewartet.

f) Komm, gehen wir _____ Hause. Ich bin müde.

g) Ich gehe morgen Nachmittag _____ Frisör.

h) Ich gehe heute Abend _____ Anja. Sie hat Geburtstag.

i) Ich fahre am Wochenende _____ London. Willst du mitkommen?

3.4. Exercise:

Tick the correct option.

a) Der Küchenstuhl ist _____ Metall.
- ▨ von
- ▨ aus
- ▨ bei

b) _____ 1990 gibt es nur noch einen Staat.
- ▨ seit
- ▨ nach
- ▨ von

c) _____ der Stadtrundfahrt können Sie den Reichstag besuchen.
- ▨ seit
- ▨ von
- ▨ nach

d) Ich nehme einen Obstkuchen _____ Sahne.
- ▨ aus
- ▨ mit
- ▨ bei

e) Manfred ist _____ Kurt.
- ▨ bei
- ▨ zu
- ▨ mit

f) Herr Breuer war zwei Wochen krank. Am Freitag ist er _____ Krankenhaus gekommen.
- ▨ aus dem
- ▨ vom
- ▨ zum

ex.
1
4. The verb *lassen* (§ 47 p. 146)

The verb *lassen* is used to express that you have something done rather than do it yourself (e.g.: Ich lasse meinen Mantel reinigen. = I have my coat dry cleaned). It always has two complements: an accusative object and an infinitive. Both take the complement position (see *gehen* in chapter 4, 2.2).

preverbal position	verb 1	subject	qualifiers	complement	verb 2
Ich	repariere		heute	mein Auto.	
Ich	lasse		heute	mein Auto reparieren.	
Heute	lasse	ich		mein Auto reparieren.	
Ich	möchte		heute	mein Auto reparieren	lassen.

1. Lesen Sie und ergänzen Sie.

Nach Übung
2
im Kursbuch

a) *Paul trägt die Koffer nicht selbst.*

Er lässt die Koffer tragen.

b) Paul: die Dusche reparieren

Paul repariert die ...
Er lässt ...

c) Paul: das Auto in die Garage fahren
d) ich: den Kaffee machen
e) er: den Brief beantworten
f) ihr: den Koffer am Bahnhof abholen
g) Sie: die Wäsche waschen
h) ich: die Hausarbeiten machen

i) Paula: die Wohnung putzen
j) du: den Schreibtisch aufräumen
k) ich: das Essen und die Getränke bestellen
l) Paul und Paula: das Frühstück machen

2. Was passt zusammen?

Nach Übung
3
im Kursbuch

Sie möchten ...

a) Geld wechseln
b) das Auto reparieren lassen
c) Deutsch lernen
d) Briefmarken kaufen
e) eine Fahrkarte kaufen
f) einen Film sehen
g) Informationen bekommen
h) einen Tee trinken
i) schwimmen
j) Fleisch kaufen
k) Salat und Gemüse kaufen
l) Bücher leihen

Wohin gehen Sie dann?

auf die Commerzbank

Ufa-Kino   Post
Metzgerei Koch
Parkcafé
Schwimmbad
VW-Werkstatt
~~Commerzbank~~
Bibliothek   Bahnhof
Supermarkt König
Tourist-Information
Sprachschule Berger

3. Schreiben Sie.

In der Stadt hin und her. Heute hat Paul viel erledigt.

a)

Um halb neun ist er von zu Hause weggefahren.

b)

Zuerst ist er zur Bank gefahren.
Um neun Uhr war er ...

c)

Dann ist er zum ...

4. Was erzählt Paul? Schreiben Sie.

Nach Übung
6
im Kursbuch

a) *Um halb neun bin ich von zu Hause weggefahren.*

b) *Zuerst bin ich zur Bank gefahren. Um 9 Uhr war ich ...*

c) *Dann bin ich ...*

d) *Dann ...*

e) ...

5. Schreiben Sie.

Nach Übung
6
im Kursbuch

a) ● Wo kann man hier gut essen?
  ■ Im Restaurant Adler, das ist am Marktplatz.

b) ● Wo kann man hier Deutsch lernen?
  ■ In der Sprachschule Berger, die ist in der Schlossstraße.

c) Kuchen – Markt-Café – Marktplatz
d) Gemüse – Supermarkt König – Obernstraße
e) parken – City-Parkplatz – Schlossstraße
f) übernachten – Bahnhofshotel – Bahnhofstraße

g) essen – Schloss-Restaurant – Wapel
h) Tee – Parkcafé – Parksee
i) schwimmen – Schwimmbad – Bahnhofstraße
j) Bücher – Bücherei – Kantstraße

6. Schreiben Sie.

Nach Übung
9
im Kursbuch

a) Bahnhof / ← / Schillerstraße
  Am Bahnhof links in die Schillerstraße.

b) Marktplatz / → / Stadtmuseum
  Am Marktplatz rechts bis zum Stadtmuseum.

> Am Bahnhof links in die Schillerstraße.

c) Volksbank / → / Telefonzelle
d) Restaurant / ← / Maxplatz
e) Diskothek / ← / Parkplätze
f) Stadtcafé / → / Haltestelle

g) Buchhandlung / ← / Rathaus
h) Telefonzelle / → / Berner Straße
i) Fotostudio / → / Lindenweg
j) Stadtpark / geradeaus / Spielwiesen

Nach Übung

9

im Kursbuch

7. Ergänzen Sie „in", „an", „neben" oder „zwischen"; „der", „das", „die"; „ein" oder „eine".

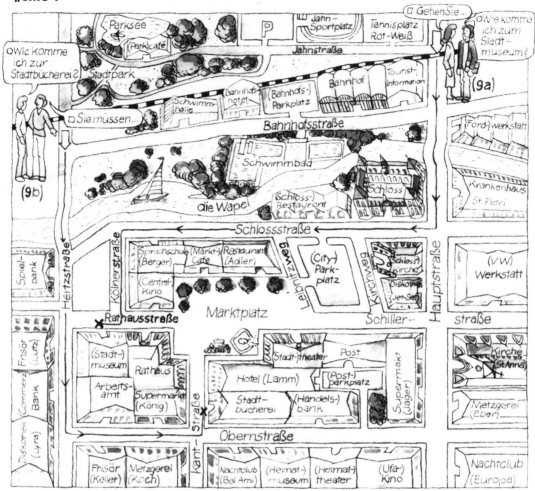

Wo liegt was? Beschreiben Sie den Stadtplan.

a) _Der_____ Postparkplatz liegt _neben_____ _einem_____ Supermarkt.
b) _Neben_____ _dem_____ Supermarkt Jäger liegt ein Parkplatz.
c) _____ _____ Schloss ist _____ Restaurant.
d) _____ Markt-Café liegt _____ _____ Restaurant.
e) _____ Schwimmbad liegt _____ _____ Wapel.
f) _____ _____ Sprachschule Berger und _____ Restaurant Adler ist
   _____ Café, _____ Markt-Café.
g) _____ _____ Schloss ist _____ Schloss-Restaurant.
h) _____ Tourist-Information ist _____ _____ Bahnhofstraße, _____
   _____ Bahnhof.
i) _____ Parkcafé liegt _____ Parksee.
j) _____ Jahn-Sportplatz liegt _____ _____ Tennisplatz Rot-Weiß und
   _____ Parkplatz.

8. Lesen Sie und ergänzen Sie.

Nach Übung

9

im Kursbuch

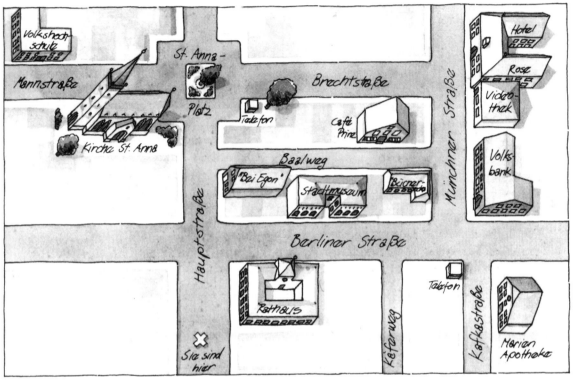

a) ● Wie komme ich zur Volkshochschule?
   ■ Zuerst hier geradeaus bis zum _St. Anna-Platz_____ . Dort an
   der _____ vorbei in die _____ .
   Dort ist dann rechts die _____ .

> St.-Anna-Kirche
> Volkshochschule
> Mannstraße
> ~~St. Anna-Platz~~

b) ● Wie komme ich zur „Bücherecke"?
   ■ Zuerst hier geradeaus bis zur _____ , dort rechts.
   Am _____ vorbei und dann links in die
   _____ . Da sehen Sie dann links den
   _____ , und da an der Ecke liegt auch die
   _____ .

> Baalweg
> „Bücherecke"
> Berliner Straße
> Stadtmuseum
> Münchner Straße

c) ● Wie komme ich zur Videothek?
   ■ Hier die _____ entlang bis zum
   _____ . Dort bei der _____ rechts
   in die _____ . Gehen Sie die _____
   entlang bis zur _____ . Dort sehen Sie dann die
   _____ . Sie liegt direkt neben dem
   _____ .

> Brechtstraße
> Münchner Straße
> Videothek
> Telefonzelle
> St.-Anna-Platz
> Brechtstraße
> Hotel Rose
> Hauptstraße

d) zur Marien-Apotheke?   f) zum Café Prinz?
e) zum Stadtmuseum?   g) zur nächsten Telefonzelle?

Nach Übung

9

im Kursbuch

9. Lesen Sie den Stadtplan auf S. 92 und ergänzen Sie.

a) ● Wie komme ich _zum_ Stadtmuseum?
   ■ Gehen Sie hier die Hauptstraße geradeaus bis _____ Schloss. Dort _____ Schloss rechts, dann immer geradeaus. _____ Parkplatz vorbei bis _____ Kölner Straße. Dort _____ _____ Sprachschule links. Dann die Kölner Straße geradeaus bis _____ Rathausstraße. Dort rechts. Das Stadtmuseum ist _____ _____ Rathaus.

b) ● Wie komme ich _____ Stadtbücherei?
   ■ Sie müssen hier die Hertzstraße geradeaus gehen, _____ _____ Wapel, _____ _____ Spielbank und _____ _____ Commerzbank vorbei, bis _____ Diskothek ...

c) ● Wie komme ich vom Bahnhof zum Hotel Lamm?

Nach Übung

10

im Kursbuch

10. Schreiben Sie einen Text. Benutzen Sie die Wörter rechts.

Eine Stadtrundfahrt in Berlin

Sätze	
– Pünktlich um 14 Uhr hat Frau Kasulke uns begrüßt.	–
– Frau Kasulke hat uns etwas über das alte Berlin erzählt.	Zuerst ... sie ...
– Wir sind zum Platz der Republik gefahren.	Danach
– Am Platz der Republik kann man das Reichstagsgebäude sehen.	Da
– Das Reichstagsgebäude ist über 200 Jahre alt.	Es
Die Glaskuppel ist neu.	aber
– Wir sind zum Brandenburger Tor gefahren.	Dann
– Am Brandenburger Tor beginnt die Straße „Unter den Linden".	Dort
– Wir haben die Staatsoper und die Humboldt-Universität gesehen.	–
– Wir sind zum Alexanderplatz gekommen.	Dann
– Am Alexanderplatz haben wir eine Pause gemacht.	Dort
– Wir sind weitergefahren.	Nach einer Stunde
– Wir haben die Berliner Mauer gesehen.	Dann ... endlich ...
– Die Mauer hat Berlin in zwei Teile geteilt.	Bis 1989 ... sie ...
– Die Mauer war 46 km lang.	Sie
– Wir sind zum Potsdamer Platz gefahren.	Dann
– Am Potsdamer Platz sind alle Gebäude neu.	Dort
– Leider war die Stadtrundfahrt schon zu Ende.	Da

Pünktlich um 14 Uhr hat Frau Kasulke uns begrüßt.
Zuerst hat sie uns etwas ...

11. Schreiben Sie.

Nach Übung
11
im Kursbuch

Bernd sucht seine Brille. Wo ist sie?

a) _____

b) _____

c) _____

d) _____

e) _____

f) _____

g) _____

h) _____

i) _____

Nach Übung

11

im Kursbuch

12. Wer wohnt wo? Schreiben Sie.

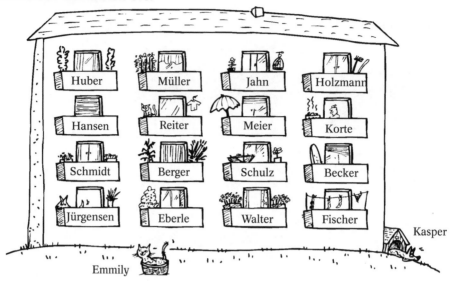

a) Wer wohnt neben Familie Reiter, aber nicht unter Familie Huber? *Familie Meier.*
b) Wer wohnt hinter dem Haus? _____
c) Wer wohnt neben Familie Meier, aber nicht über Familie Becker? _____
d) Wer wohnt neben Familie Reiter, aber nicht über Familie Schulz? _____
e) Wer wohnt vor dem Haus? _____
f) Wer wohnt neben Familie Schulz, aber nicht unter Familie Korte? _____
g) Wer wohnt zwischen Familie Holzmann und Familie Huber, aber nicht über Familie Meier?
   _____
h) Wer wohnt neben Familie Berger, aber nicht über Familie Walter? _____
i) Wer wohnt zwischen Familie Becker und Familie Berger? _____

Nach Übung

11

im Kursbuch

13. Was stimmt hier nicht? Schreiben Sie.

Auf der Couch liegt ein Teller. _____

Vor der Tür . . . _____

14. Schreiben Sie.

Nach Übung
11
im Kursbuch

Wohin stellen wir den Fernseher?

Am besten auf den Tisch.

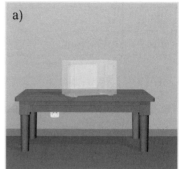
a)

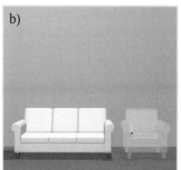
b)

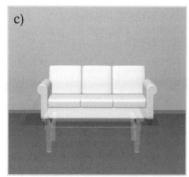
c)

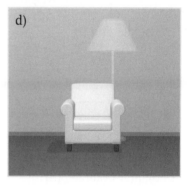
d)

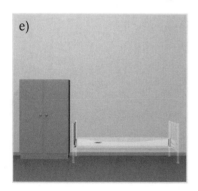
e)

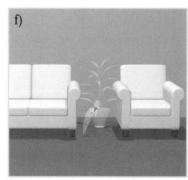
f)

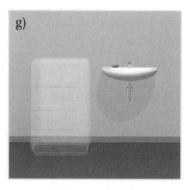
g)

a)	● Wohin stellen wir	den Fernseher?	■ Am besten	*auf den Tisch.*
b)		_____ Sessel?		_____
c)		_____ Tisch?		_____
d)		_____ Lampe?		_____
e)		_____ Bett?		_____
f)		_____ Blume?		_____
g)		_____ Kühlschrank?		_____

Nach Übung

11

im Kursbuch

15. Ihre Grammatik. Ergänzen Sie.

	wo (sein)? *Dativ*			wohin (tun) *Akkusativ*	
der	unter	_____ Tisch	unter	_____ Tisch
das	(in _____)	_____ Waschbecken	(in _____)	_____ Waschbecken
die	vor	_____ Tür	vor	_____ Tür
die	zwischen	_____ Zeitungen	zwischen	_____ Zeitungen

Nach Übung

12

im Kursbuch

16. Ergänzen Sie die Präpositionen.

Wann kommen Sie nach Berlin?

Seit 1990 ist Berlin wieder ein Zentrum (a) _____ der Mitte Europas. Man kann wieder
(b) _____ vielen Wegen (c) _____ Berlin kommen.
(d) _____ dem Flugzeug: Es gibt Flugverbindungen (e) _____ fast alle europäischen
Großstädte und (f) _____ viele andere Länder. Täglich landen Flugzeuge (g) _____ aller
Welt (h) _____ den Berliner Flughäfen.

(i) _____ vielen Städten in Deutschland fahren täglich Busse (j) _____ Funkturm
und (k) _____ anderen Plätzen Berlins. Informationen bekommen Sie (l) _____
Reisebüros.

Bequem ist es (m) _____ der Bahn: Die Züge fahren direkt (n) _____ die Innenstadt.

Autofahrer kommen (o) _____ den Autobahnen schnell (p) _____ Berlin.

Wann fahren Sie mal (q) _____ Berlin, (r) _____ Brandenburger Tor, (s) _____
Mauer oder raus (t) _____ den Wannsee? Seien Sie unser Gast in Berlin!

Nach Übung

13

im Kursbuch

17. Was passt nicht?

a) Erwachsene – Jugendliche – Menschen – Kinder
b) Buslinie – Zugverbindung – Autobahn – Flugverbindung
c) Gebäude – Immobilien – Haushalt – Häuser
d) Flughafen – Bahn – Bahnhof – Haltestelle
e) Staatsoper – Alexanderplatz – Brandenburger Tor – Museen
f) Buchhandlung – Bibliothek – Bücherei – Verbindung
g) Park – Straße – Nummer – Platz – Weg
h) Aufzug – Ausflug – Reisegruppe – Urlaub
i) Norden – Süden – Osten – Wiesen

18. Ergänzen Sie Präpositionen und Artikel.

Nach Übung
13
im Kursbuch

a) (von) _vom_ Bahnhof abholen
b) (an) _____ St.-Anna-Platz aussteigen
c) (in) _im_ See baden
d) (in) _____ Bäckerei Brot kaufen
e) (an) _____ Marienplatz einsteigen
f) (auf) _____ Bank Geld einzahlen
g) (nach) _____ Paris fliegen
h) (auf) _____ Straße hinfallen
i) (in) _____ Regal legen
j) (neben) _____ Kirche parken
k) (nach) _____ Hause schicken

l) (vor) _____ Haus sitzen
m) (auf) _____ Sportplatz spielen
n) (hinter) _____ Denkmal stehen
o) (in) _____ Pension Mai übernachten
p) (in) _____ Schrank stellen
q) (unter) _____ Brandenburger Tor verabredet sein
r) (in) _____ Stadt wohnen
s) (von) _____ Hause wegfahren
t) (zwischen) _____ Post und _____ Parkplatz liegen

19. Ihre Grammatik. Ergänzen Sie.

Nach Übung
13
im Kursbuch

a) Berlin liegt an der Spree.

b) Wie kommt man schnell nach Berlin?

c) Nach Berlin kann man auch mit dem Zug fahren.

d) Wir treffen uns um zehn an der Staatsoper.

e) Der Fernsehturm steht am Alexanderplatz.

f) Er hat das Bett wirklich in den Flur gestellt.

g) Du kannst den Mantel ruhig auf den Stuhl legen.

h) Zum Schluss hat er die Sätze an die Wand geschrieben.

i) Der Bär sitzt unter dem Fernsehturm.

	Vorfeld	Verb$_1$	Subj.	Ergänzung	Angabe	Ergänzung	Verb$_2$
a)	Berlin	liegt				an der Spree.	
b)							
c)							
d)							
e)							
f)							
g)							
h)							
i)							

LEKTION 8

20. Silbenrätsel. Bilden Sie Wörter.

fahrt	Auto	Bahn	fahrt	platz	Park	Auto	stätte	Rast

fahrt   Auto   Bahn   fahrt   platz   Park   Auto   stätte   Rast

Bahn   Zug   hof   Flug   hafen   steigen   um

Inter   city   bahn   fahrt   Eisen   bahn   verbindungen

a) Bahn _____

...

b) Auto _____

...

c) Flugzeug _____

...

21. Schreiben Sie einen Brief.

A. Ergänzen Sie.

Berlin, den 9. November

Liebe Stefanie,

wir wohnen jetzt schon ein Jahr (a) _____ Berlin. Man lebt
hier wirklich viel besser als (b) _____ Köln. Komm doch
mal (c) _____ Berlin. Hier kann man viel machen:
(d) _____ Restaurant „Mutter Hoppe" gehen und echt
berlinerisch essen, (e) _____ Diskothek „Metropol" bis zum
frühen Morgen tanzen, (f) _____ _____ vielen
Parks und (g) _____ Zoologischen Garten spazieren
gehen, (h) _____ Müggelsee baden und (i) _____
_____ Havel segeln. Abends geht's natürlich
(j) _____ Kino, (k) _____ Theater oder
(l) _____ einen Jazzclub. (m) _____ den
Geschäften (n) _____ der Friedrichstraße und
(o) _____ KaDeWe (Kaufhaus des Westens) kann man gut
einkaufen und natürlich auch Leute anschauen. Am Wochenende
fahren wir oft mit der S-Bahn (p) _____ Zehlendorf
(q) _____ Wannsee. Dort kann man
(r) _____ See schwimmen oder faul (s) _____
_____ Sonne liegen. Manchmal machen wir
(t) _____ Grunewald auch einen Spaziergang oder
eine Radtour.

Vielleicht können wir das einmal zusammen machen. Komm also bald
mal (v) _____ Berlin!

Herzliche Grüße

Sandra und Holger

B. Schreiben Sie jetzt
selbst einen Brief.

Ort und Datum:
München, ...

Anrede:
Lieber / Liebe ...

Informationen:
– 2 Jahre München –
das Restaurant „Weißblaue
Rose", echt bayrisch –
das „Rationaltheater",
Kabarettprogramme –
im Englischen Garten,
spazieren gehen, Rad
fahren – die Kaufinger-
straße, einkaufen –
Olympiazentrum, selbst
Sport treiben oder ein
Fußballspiel anschauen –
Starnberger See, segeln,
schwimmen, surfen,
baden

Schlusssatz:
...

Gruß:
Bis bald, und liebe Grüße
dein / deine ...

Vocabulary

verbs

beraten	*to advise*	passen	*to suit*
erklären	*to explain*	reichen	*to be enough*
sich freuen	*to be pleased*	schenken	*to give (as a present)*
gebrauchen	*to use*	tragen	here: *to wear*
lachen	*to laugh*	verkaufen	*to sell*
laufen	*to run*	verlassen	*to leave (transitive)*
lieben	*to love*	zeigen	*to show*
nennen	*to call, to name*	zusammengehören	*to belong together*

nouns

r Abschnitt, -e	*paragraph*	r Junge, -n	*boy*
e/r Bekannte, -n (ein Bekannter)	*friend, acquaintance*	s Klima	*climate*
		r König, -e	*king*
e Beschäftigung, -en	*activity, something to do*	e Kuh, ⸚e	*cow*
		r Kunde, -n	*customer*
s Camping	*camping*	Möbel (plural)	*furniture*
e CD, -s	*CD*	s Motorrad, ⸚er	*motorbike*
e Chance, -n	*opportunity*	e Party, -s	*party*
r Computer, -	*computer*	e Pfeife, -n	here: *pipe*
e Datei, -en	*file*	s Pferd, -e	*horse*
r Discman	*discman*	s Rad, ⸚er	*wheel*, here: *bicycle*
e Erinnerung, -en	*memory, recollection*	r Reiseführer, -	*travel guide*
e Feier, -n	*celebration, party*	r Ring, -e	*ring*
r Fernseher, -	*TV set*	r Schlafsack, ⸚e	*sleeping bag*
s Feuerzeug, -e	*lighter*	r Schluss	*end*
r Führerschein, -e	*driving/driver's licence*	r Schmuck	*jewellery*
		e Schwester, -n	*sister*
r Geburtstag, -e	*birthday*	r Strom	*electricity*
s Gerät, -e	*appliance*	e Tante, -n	*aunt*
e Halskette, -n	*necklace*	s Tier, -e	*animal*
e Handtasche, -n	*handbag, purse (US)*	e Verkäuferin, -nen	*female shop assistant*
e Hilfe, -n	*help*		
s Holz	*wood*	r Verkäufer, -	*male shop assistant*
s Huhn, ⸚er	*chicken, hen*	(s) Weihnachten	*Christmas*
r Hund, -e	*dog*	s Werkzeug	*tool(s)*
e Information, -en	*information*	s Wörterbuch, ⸚er	*dictionary*
e Ingenieurin, -nen	*female engineer*	r Wunsch, ⸚e	*wish, request*
r Ingenieur, -e	*male engineer*	s Zelt, -e	*tent*

adjectives

breit	*wide*	niedrig	*low (not high)*
dünn	*thin*	richtig	*correct, right*
kurz	*short*	schmal	*narrow*
lang	*long*	schnell	*fast, quick*
langsam	*slow*	wunderbar	*wonderful*
lebendig	*vivid, lively; alive*		

adverbs

irgendwann	*sometime*

function words

deshalb	*therefore, that's why*
selber	*oneself*

expressions

… gefällt **mir**	*I like …*
zu Ende (+ verb)	*to finish*

Grammar

1. The dative case

1.1. The use of the dative case (§ 38, p. 143, § 42 p. 144)

In chapters 5, 7 and 8 you learnt that the dative case is used after certain prepositions. The dative case is also used after certain verbs. e.g.:

Der Lehrer antwortet <u>dem Schüler</u>.

Wir helfen <u>unserem Vater</u>.

This is a list of the most frequent verbs which are always followed by <u>one</u> object. This object is in the dative case and always refers to a person.

verbs	examples
antworten	Antworte bitte <u>der Frau</u>!
gefallen	Die Lampe gefällt <u>mir</u>.
gut/schlecht gehen	Es geht <u>mir</u> gut.
gehören	Gehört das Radio <u>dem Kind</u>?
gratulieren	Hast du <u>ihm</u> schon gratuliert?
fehlen	Was fehlt <u>dir</u> denn?
helfen	Wir helfen <u>unserem Vater</u>.
passen	Am Sonntag passt es <u>mir</u>.
schmecken	Die Suppe schmeckt <u>mir</u>.
zuhören	Ich höre <u>meiner Oma</u> gerne zu.

The interrogative *wem?* is used to ask for the dative object, e.g.:
- Wem antwortet der Lehrer?   ■ Dem Schüler.

Apart from those verbs which are followed by one object in the dative case there are also some verbs which require two objects, one in the dative and the other in the accusative case. The dative object is usually a person, the accusative object a thing. e.g.:

Herr Martens schenkt   <u>dem Jungen</u>   <u>ein Fahrrad</u>.
                              ↑   ↑
                        dative object   accusative object

This is a list of some of the verbs which require two objects.

ex.
3
4
5

verbs	examples
empfehlen	Ich empfehle <u>Ihnen das Feuerzeug</u>.
erklären	Er erklärt <u>dem Schüler den Dativ</u>.
geben	Ich gebe <u>dir mein Buch</u>.
kaufen	Er kauft <u>seiner Freundin ein Radio</u>.
schenken	<u>Was</u> kann man <u>einem Mädchen</u> schenken?
zeigen	Zeigen Sie bitte <u>dem Herrn die Firma</u>.
…	…

1.2. The dative case: nouns, articles and possessive articles (§ 3 p. 129, § 6 p. 130)

You have been introduced to the formation of the dative case in chapter 5, 5.3 where the dative was used after certain prepositions. The following table contains the complete list of articles in the dative case.

	definite article	indefinite article		possessive article
		positive	negative	
der	dem Freund	einem Freund	keinem Freund	meinem/deinem seinem/ihrem Freund unserem/eurem Ihrem
die	der Frau	einer Frau	keiner Frau	meiner/deiner seiner/ihrer Frau unserer/eurer Ihrer
das	dem Kind	einem Kind	keinem Kind	meinem/deinem seinem/ihrem Kind unserem/eurem Ihrem
plur.	den Leuten	Leuten	keinen Leuten	meinen/deinen seinen/ihren Leuten unseren/euren Ihren

Remember: The characteristic endings of the dative case are for masculine and neuter nouns **-m**, for the feminine **-r** and for the plural **-n**. Nouns in the dative plural also have the ending **-n**, e.g.

nominative plural   die Kinder
dative plural   den Kinder**n**

There are, however, exceptions to this rule:
a) plural nouns ending in -n: die Jungen (nom)   den Jungen (dat)
b) plural nouns ending in -s: die Autos (nom)   den Autos (dat)

1.3. Exercise:

Accusative or dative case? Supply the correct endings.
a) Gestern habe ich mein _____ Bruder angerufen.
b) Hast du dein _____ Kollegin geholfen?
c) Der Kellner hat d _____ Gäste noch nicht bedient.
d) Nächste Woche besuche ich mein _____ Schwester.
e) Er hat sein _____ Chef nicht geantwortet.
f) Das Auto gehört mein _____ Eltern.
g) Er hat mein _____ Frau zum Jubiläum gratuliert.

h) Hast du dein _____ Vater schon gefragt?
i) Das Geschenk hat mein _____ Mann gefallen.
j) Susanne mag ihr _____ Oma sehr.
k) Bitte stör d _____ Kind nicht. Es schläft.
l) Meine _____ Freundin geht es wieder gut.

2. Personal pronouns in the accusative and dative case (§ 11 p. 133)

ex.
3
4
5
7
8
10

In chapter 2 and 6 you were introduced to most personal pronouns in the nominative and accusative case, which are used to replace nouns in order to avoid repetition (see 2.1 and 7.6). Remember the following examples:

Das ist eine Badenia-Mikrowelle.   **Sie** hat 1000 Watt.
Der Hund hat Hunger.   Du musst **ihn** füttern.

In the same way a noun in the dative case can be replaced by a personal pronoun in the dative case. The following table contains all personal pronouns in the nominative, accusative and dative case.
e.g.:
Meine Frau hat morgen Geburtstag.   Ich schenke **ihr** (meiner Frau) einen Ring.

nominative	ich	du	er	sie	es	wir	ihr	sie	Sie
accusative	mich	dich	ihn	sie	es	uns	euch	sie	Sie
dative	mir	dir	ihm	ihr	ihm	uns	euch	ihnen	Ihnen

2.1. Exercise:

Supply the appropriate personal pronoun in the accusative case.
a) ● Kommst du morgen mit ins Kino?
   ■ Ich weiß es noch nicht. Ich rufe _____ morgen an.
b) ● Das Foto ist ja toll. Wer ist denn das?
   ■ Meine Schwester. Martin hat _____ letzten Sommer fotografiert.
c) ● Wie bist du denn gestern Abend nach Hause gekommen?
   ■ Mein Freund hat _____ mit seinem Auto nach Hause gebracht.
d) ● Wer hat denn Peter von der Schule abgeholt?
   ■ Oma hat _____ abgeholt.
e) ● Hast du Marina und Hans schon besucht?
   ■ Nein, ich habe _____ noch nicht besucht. Ich hatte keine Zeit.
f) ● Susanna, Anna, hallo. Kommt ihr morgen zu Monikas Party?
   ■ Ja, sie hat _____ eingeladen.
g) ● Marina, Lisa, hallo. Ich möchte _____ zu meiner Geburtstagsparty einladen. Kommt ihr?
   ■ Natürlich.
h) ● Frau Sieger, wo sind Sie denn? Ich suche _____ schon 20 Minuten.
   ■ Entschuldigung, Herr Meier. Ich war in der Kantine.

2.2. Exercise:

Which case? Supply the correct personal pronoun.

a) <u>Doris und Hannes</u> heiraten nächsten Sonntag. Was schenkst du _____ ?

b) <u>Sonja und Dirk</u> kommen auch. Ich habe _____ eingeladen.

c) <u>Wir</u> haben <u>Herrn Diebel</u> einen Brief geschrieben. _____ hat _____ noch nicht beantwortet.

d) <u>Ihr</u> müsst nicht mit dem Bus fahren. Ich bringe _____ nach Hause.

e) <u>Ich</u> habe gestern mit <u>Frau Jensen</u> gesprochen. _____ hat _____ angerufen.

f) <u>Herr Karger</u> weiß alles. Ich habe _____ informiert.

g) <u>Du</u> bist sehr nett. Ich mag _____ .

h) Ich möchte <u>Anna die Fotos</u> zeigen. _____ hat _____ noch nicht gesehen.

i) Kannst <u>du</u> die Arbeit allein machen oder soll ich _____ helfen?

ex. 20
3. Sentence structure (§ 38 p. 143)

preverbal position	verb 1	subject	complement	qualifiers	complement	verb 2
Er	hat		seiner Mutter	zum Geburtstag	einen Ring	gekauft.
Seiner Mutter	hat	er		zum Geburtstag	einen Ring	gekauft.
Zum Geburtstag	hat	er	seiner Mutter		einen Ring	gekauft.
Einen Ring	hat	er	seiner Mutter	zum Geburtstag		gekauft.
Er	hat		ihr	zum Geburtstag	einen Ring	gekauft.
Ihr	hat	er		zum Geburtstag	einen Ring	gekauft.

In sentences with an accusative and a dative object the dative object always takes the first complement position. Both the accusative and the dative object can also take the preverbal position.

3.1. Exercise:

Delete the dative object in the wrong position.

a) Ich möchte gern ein Eis. Kannst du <u>mir</u> eins <u>mir</u> kaufen?

b) Geben Sie <u>mir</u> bitte <u>mir</u> Ihren Pass.

c) Frag doch den Kellner, er kann <u>dir</u> bestimmt das Geld <u>dir</u> wechseln.

d) Margot hat ihre Prüfung bestanden. Was schenken <u>ihr</u> wir <u>ihr</u>?

e) Peter fotografiert gern. Kauf <u>ihm</u> zum Geburtstag <u>ihm</u> eine Kamera.

f) Dieses Restaurant kann <u>euch</u> ich <u>euch</u> empfehlen.

g) Gestern Abend hat <u>seinen Freunden</u> Rüdiger <u>seinen Freunden</u> Bilder von seinem Bauernhaus gezeigt.

3.2. Exercise:
Change the word order of the following sentence. There are three possibilities.
Er hat mir gestern die Geschichte erzählt.

1. _____
2. _____
3. _____

4. The comparison of adjectives (§ 21 p. 137)

ex.
13
14
15

In English we compare either by adding -er to the adjective or by using *more*. In German we only do the former. The superlative in English is formed by adding -est to the adjective or by using the word *most*. In German the preposition *am* is placed before the adjective and the ending -sten is added to it.

adjective: simple form   klein   gemütlich
             comparative   klein**er**   gemütlich**er**
             superlative   am klein**sten** am gemütlich**sten**

There are, however, some exceptions to this rule.

	simple form	comparative	superlative
some monosyllabic adjectives add an *Umlaut*	lang	länger	am längsten
adjectives ending in -el, -er lose the e in the comparative	teuer	teur**er**	am teuersten
adjectives ending in -d, -s, -sch, -t, -x, -ß add -esten in the superlative	breit	breiter	am breit**esten**
irregular comparatives and superlatives	gern	lieber	am liebsten
	gut	besser	am besten
	viel	mehr	am meisten
	hoch	höher	am höchsten
	nah	näher	am nächsten

5. Ganz, genug, sehr, ziemlich, zu, nur zu

These words are often used in conjunction with adjectives and can either restrict or enhance their meaning. Read the following sentences:

Den Stuhl kaufe ich, er ist ganz bequem.   . . . it is quite comfortable.
Den Stuhl kaufe ich, er ist ganz billig.   . . . it is very cheap.
Den Stuhl kaufe ich, er ist ziemlich billig.   . . . it is quite cheap.
Den Stuhl kaufe ich, er ist sehr gut.   . . . it is very good.
Den Stuhl kaufe ich, er ist groß genug.   . . . it is big enough.
Den Stuhl kaufe ich nicht, er ist zu groß.   . . . it is too big.
Der Stuhl ist ganz schön, er ist nur zu klein. . . . it is just too small.

As you can see from the examples all these words with the exception of *ganz* have straightforward translations into English. *Ganz* is a little tricky, it means *very* if stressed and *quite* if unstressed.

6. Verbs with vowel change (§ 23 p. 138)

infinitive	first person	second person	third person	plural
behalten	ich behalte	**du behältst**	**er behält**	...
beraten	ich berate	**du berätst**	**er berät**	...
empfehlen	ich empfehle	**du empfiehlst**	**er empfiehlt**	...
gefallen	ich gefalle	**du gefällst**	**er gefällt**	...
sterben	ich sterbe	**du stirbst**	**er stirbt**	...
verlassen	ich verlasse	**du verlässt**	**er verlässt**	...

7. Particles

einfach Der Mediovideoaudiotelemax kann hören, sehen, sprechen, denken und rechnen. Er ist **einfach** vollkommen. expression used to sum up and simplify a complicated explanation (= simply)

sogar Der Mediovideoaudiotelemax kann hören, sehen und sprechen. Er kann **sogar** denken. expression to denote exceeded expectations (= even)

8. Conjunctions

Conjunctions are words that link two sentences. You are introduced to two groups of conjunctions.

8.1. Da, dort, dann, danach, das, deshalb, so, trotzdem
These conjunctions connect the second sentence to the whole or part of the preceding sentence. They can either take the preverbal position or modifiers position.

<u>1985</u> war ich nicht hier. **Da** habe ich in Berlin studiert.
I was not here in 1985. I was studying in Berlin then.
Ich kaufe <u>im Supermarkt</u> ein. Die Lebensmittel sind **da (dort)** billiger.
I do my shopping in the supermarket. It is cheaper there.
Wir waren <u>gestern Abend</u> im Kino. **Dann (danach)** sind wir essen gegangen.
We were at the pictures last night. After that (afterwards) we went for a meal.
<u>Martin hatte gestern Geburtstag</u>. **Das** habe ich ganz vergessen.
It was Martin's birthday yesterday. I completely forgot that.
<u>Ich trinke viel Kaffee</u>. **Deshalb** brauche ich eine Kaffeemaschine.
I drink a lot of coffee. That's why I need a coffee maker.
<u>Spielen Sie Lotto!</u> **So** werden Sie reich.
Play Lotto! That's how to get rich.
<u>Monika verdient viel Geld</u>. **Trotzdem** ist sie nicht glücklich.
Monika earns a lot of money. Even so she is not happy.

8.2. Aber, denn, und, sondern, oder

These conjunctions also connect two sentences but their position in the sentence is fixed. They are always outside the sentence structure, i.e. in front of the preverbal position. The mnemonic *aduso* will help you to remember these five conjunctions.

Ilse will in der Wohnung bleiben, **aber** Jens gefällt das Haus besser.
Ilse wants to stay in the flat but Jens likes the house better.
Ich kaufe Martin ein Wörterbuch, **denn** er lernt Englisch.
I am going to buy Martin a dictionary because he is learning English.
Herr Kern war im Supermarkt **und** er hat dort ein paar Flaschen Wein gekauft.
Herr Kern was in the supermarket and bought a couple of bottles of wine there.
Monika fliegt nicht nach Berlin, **sondern** sie fährt mit dem Auto.
Monika is not flying to Berlin. She ist taking the car instead.
Viele Leute sind arbeitslos **oder** sie verdienen sehr wenig.
Many people are unemployed or they earn very little.

8.3. Sentence structure

	preverbal position	verb 1	subject	qualifiers	complement	verb 2
sondern	Monika sie	fliegt fährt		nicht	nach Berlin, mit dem Auto.	
	Martin Ich Das	hatte habe habe	ich	gestern das ganz ganz	Geburtstag.	vergessen. vergessen.

8.4. Exercise:

Translate the following sentences into German and use the above conjunctions.

a) First we were in Hamburg. Then we went to Bremen.
_____

b) The VIDEO Phone is practical. But it is also quite expensive.
_____

c) I cannot come into the office because I am ill.
_____

d) I am running a temperature. That's why I'm going to the doctor.
_____

e) I was at the bank. That's where I met Susan.
_____

f) On Saturday? I did not go to the theatre, I watched television instead.
_____

g) The car is very expensive. Even so I'm going to buy it.
_____

Nach Übung

1

im Kursbuch

1. Was passt nicht? Ergänzen Sie die Wörter.

Tiere	Schmuck	Sport / Freizeit	Sprachen	Möbel
Gesundheit	Haushaltsgeräte	Haushalt	Bücher	~~Musik~~	Reise

a) Discman – Radio – ~~Mikrowelle~~ – DVD-Player: *Musik*
b) Elektroherd – Mikrowelle – Waschmaschine – Waschbecken: _____
c) Schlafsack – Halskette – Reiseführer – Hotel – Zelt: _____
d) Geschirr spülen – Rad fahren – Tennis – Fußball: _____
e) Sprechstunde – Pause – Medikament – Arzt: _____
f) Ring – Halskette – Messer – Ohrring: _____
g) Bücherregal – Elektroherd – Sessel – Schrank: _____
h) Typisch – Türkisch – Spanisch – Deutsch: _____
i) Kochbuch – Reiseführer – Reiseleiter – Wörterbuch: _____
j) Hund – Schwein – Pferd – Rind – Katze – Hähnchen: _____
k) Aufräumen – Wäsche waschen – Betten machen – aufpassen: _____

Nach Übung

1

im Kursbuch

2. Was ist das? Ergänzen Sie.

a) Es ist kein Mensch und kein Tier, aber es lebt auch. _____
b) Im Zelt schläft man in einem _____
c) Ein Schmuckstück für den Hals ist eine _____
d) Sie verstehen ein Wort nicht, dann brauchen Sie ein _____
e) Zum Feuermachen braucht man ein _____
f) Ein Film extra für das Fernsehen gemacht ist ein _____
g) Paul muss nicht spülen, er hat einen _____
h) Es sind Pflanzen. Man schenkt sie gerne Frauen. _____
i) Ein Buch mit Reiseinformationen ist ein _____

Nach Übung

2

im Kursbuch

3. Alle mögen Opa. Warum? Schreiben Sie.

a) (Wolfgang)   einen DVD-Player schenken
   Er hat ihm einen DVD-Player geschenkt.

b) (Beate)   das Auto leihen
c) (Beate und
   Wolfgang)   ein Haus bauen
d) (Kinder)   Geschichten erzählen
e) (ich)   ein Fahrrad kaufen
f) (du)   Briefe schreiben
g) (wir)   Pakete schicken
h) (Sie)   den Weg zeigen

4. Ergänzen Sie die Tabellen. Machen Sie vorher Übung 2 auf Seite 107 im Kursbuch.

Nach Übung
2
im Kursbuch

Wer?		Wem?	Was?
a) Der Verkäufer Er	zeigt	Carola und Hans den Kindern ihnen	ein Handy.
b) _Der_ _____ _____	erklärt	_Y_ _____ _der Schülerin_ _____	den Dativ.
c) _____ _____	will	_E_ _____ _____ _____	helfen.
d) _____ _____	schenkt	_____ _____ _____	eine Halskette.
e) _____ _____	kauft	_____ _____	ein Fahrrad.

5. Bilden Sie Sätze.

Nach Übung
3
im Kursbuch

a)

Mutter
45 Jahre
hört gern Musik
raucht
reist gern

Reisetasche	Kochbuch	Skibrille
~~Feuerzeug~~	Kamera	Fußball
Wörterbuch	~~CD~~	Briefpapier

b)

Vater
50 Jahre
spielt Fußball
kocht gern
Hobbyfotograf

a) Die Mutter:

Ihr kann man eine CD schenken, denn sie hört
gern Musik.
Ihr kann man ein Feuerzeug ..., denn ...
Ihr kann man ...

b) Der Vater:

Ihm kann man ...
...

c)

Tochter
18 Jahre
schreibt gern Briefe
lernt Spanisch
fährt gern Ski

c) Die Tochter:

Ihr kann man ...
...

Nach Übung

4

im Kursbuch

6. Hören, verstehen, schreiben.

a) Dialog A

Hören Sie den Dialog A aus Übung 4 im Kursbuch auf Seite 108. Lesen Sie dann die Tabelle und den Text.

wann?	was?	bei wem?
morgen	_Feier_	_bei Hilde und Georg_

Geschenkideen		gut (+) / nicht gut (–)
1	_Wörterbuch_ _lernen Französisch_	_haben schon eins_
2	_Flasche Wein_	_trinken keinen Wein_
3	_Musikkassetten_ _hören gern Musik_	_gute Idee_

Morgen ist bei Hilde und Georg eine Feier. Die Gäste möchten ein Geschenk mitbringen. Die Frau will ihnen ein Wörterbuch schenken, denn Hilde und Georg lernen Französisch. Aber sie haben schon eins. Eine Flasche Wein können die Gäste auch nicht mitbringen, denn Hilde und Georg trinken keinen Wein. Aber sie hören gern Jazz. Deshalb schenken die Gäste ihnen eine Musikkassette.

b) Dialog C

Hören Sie den Dialog C aus Übung 4 im Kursbuch auf Seite 108. Notieren Sie dann.

wann?	was?	bei wem?
	Dienstjubiläum	

Geschenkideen		gut (+) / nicht gut (–)
1	_raucht gern_	_das ist_
2	_Kochbuch_	_hat schon_
3	_seine_	_Idee ist_

Schreiben Sie jetzt einen Text.

Morgen feiert Ewald sein Dienstjubiläum. Die Gäste möchten ...
Der Mann will ...

7. Annabella hat Geburtstag. Goofy möchte ihr etwas schenken.

Nach Übung
4
im Kursbuch

Lesen Sie den Comic und ergänzen Sie die Pronomen.

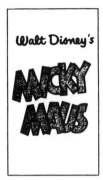

Nach Übung

4

im Kursbuch

8. Hertha hat Geburtstag. Paul möchte ihr etwas schenken. Schreiben Sie einen Comic.

9. Schreiben Sie. Machen Sie vorher Übung 5 im Kursbuch auf Seite 109.

Nach Übung
5
im Kursbuch

Beispiel: *Bernd wird dreißig Jahre alt. Das möchte er am Freitag um 20 Uhr feiern.*
Er lädt Ulla ein. Sie soll ihm bis Dienstag antworten oder ihn anrufen.

a) zu Übung 5 a)
    Bettina hat . . .

b) zu Übung 5 b)
    Herr und Frau Halster . . .

10. Ihre Grammatik. Ergänzen Sie.

Nach Übung
5
im Kursbuch

Nominativ	Dativ	Akkusativ
ich		
du		
sie		
er		*ihn*
es		*es*
sie		*sie*

Nominativ	Dativ	Akkusativ
wir		
ihr		
sie		
sie		*sie*

11. Was passt nicht?

a) Zimmer: hell – zufrieden – sauber – leer
b) Auto: gesund – schnell – laut – lang
c) Pullover: teuer – gut – breit – groß
d) Nachbar: dick – nett – klein – niedrig
e) Stuhl: leicht – niedrig – klein – langsam
f) Schrank: breit – schwer – kalt – schön

12. Was passt nicht?

Nach Übung
8
im Kursbuch

a) wohnen: billig – ruhig – groß – schön
b) arbeiten: gern – nett – langsam – immer
c) schmecken: bitter – süß – schnell – gut
d) essen: warm – gesund – schnell – klein
e) feiern: dick – gerne – oft – laut
f) erklären: falsch – genau – hoch – gut

13. Ihre Grammatik. Ergänzen Sie.

Nach Übung
8
im Kursbuch

klein	*kleiner*	*am kleinsten*	*lang*		
		am billigsten		*größer*	
	schneller				*am schmalsten*

neu					*am besten*
	lauter		*gern*		
		am leichtesten		*mehr*	

14. Ergänzen Sie.

Wir haben ein Schiffauto gebaut.
Aber es hat uns nicht gefallen.

Zuerst war es zu klein,
da haben wir es _größer_
gemacht.

a) Dann war es zu groß, da haben wir es wieder _____ gemacht.
b) Dann war es zu breit, da haben wir es _____ gemacht.
c) Dann war es zu schmal, da haben wir es wieder _____ gemacht.
d) Dann war es zu niedrig, da haben wir es _____ gemacht.
e) Dann war es zu hoch, da haben wir es wieder _____ gemacht.
f) Dann war es zu kurz, da haben wir es _____ gemacht.
g) Dann war es zu lang, da haben wir es wieder _____ gemacht.
h) Dann war es zu schwer, da haben wir es _____ gemacht.
i) Dann war es zu leicht, da haben wir es wieder _____ gemacht.
j) Dann war es zu hässlich, da haben wir es _____ gemacht.
k) Zum Schluss war es uns zu teuer, und es war auch nicht mehr in Ordnung. Wir haben es nämlich _____ gemacht.

15. Bilden Sie Sätze.

a) teuer sein

Pension Huber	+	*Der Gasthof „Zur Post" ist teurer*
Gasthof „Zur Post"	++	*als die Pension Huber. Am teuersten*
Schlosshotel	+++	*ist das Schlosshotel.*

b) hoch sein

Big Ben in London	+
Olympiaturm in München	++
Eiffelturm in Paris	+++

c) alt sein

Humboldt-Universität Berlin	+
Universität Straßburg	++
Karls-Universität in Prag	+++

d) groß sein

Münster	+
Dresden	++
Berlin	+++

e) lang sein

Weser	+
Elbe	++
Rhein	+++

f) gern spielen (Boris)

Fußball	+
Golf	++
Tennis	+++

g) gut Deutsch sprechen

George	+
Monique	++
Natalie	+++

h) schnell schwimmen

Paula	+
Linda	++
Yasmin	+++

i) schön wohnen

Bernd	+
Thomas	++
Jochen	+++

16. Schreiben Sie.

a) die Lampe – teuer

● *Nimm doch die Lampe da!*

■ *Die gefällt mir ganz gut, aber ich finde sie zu teuer.*

● *Dann nimm doch die da links, die ist billiger.*

b) der Tisch – niedrig

● *Nimm doch ...*

■ *Der gefällt ...*

c) der Teppich – breit

d) das Regal – groß

e) die Uhr – teuer

f) die Sessel (Pl.) – unbequem

g) die Teller (Pl.) – klein

17. Ergänzen Sie.

● Guten Tag. Kann ich (a) _Ihnen_ helfen?

■ Ja, ich suche eine Bürolampe. Können Sie (b) _____ bitte (c) _____ zeigen?

● Gern. Hier habe ich (d) _____ für 48 Euro. (e) _____ kann ich (f) _____ sehr empfehlen. (g) _____ ist sehr günstig.

■ Ja, (h) _____ ist ganz praktisch, aber (i) _____ gefällt (j) _____ nicht.

● Und (k) _____ hier? Wie gefällt (l) _____ _____?

■ Ganz gut. Was kostet (m) _____ denn?

● 65 Euro.

■ Das ist (n) _____ zu teuer.

● Wir haben hier noch (o) _____ für 37 Euro.

■ (p) _____ finde ich ganz schön. (q) _____ nehme ich. Können Sie (r) _____ bitte einpacken?

● Ja, natürlich.

18. Welche Antwort passt?

a) Was hat Ihre Frau dazu gesagt?
   - A Das hat ihr nicht gefallen.
   - B Sie hat es immer wieder gesagt.
   - C Sie hat das nicht gut gefunden.

b) Sind Sie jetzt wirklich glücklich?
   - A Ja, sie sind wirklich glücklich.
   - B Ja, ich bin wirklich glücklich.
   - C Ja, sie ist wirklich glücklich.

c) Schenk ihr doch einen Discman.
   - A Hat sie noch keinen?
   - B Der ist am besten.
   - C Was ist das denn?

d) Nimm doch den für 99 Euro.
   - A Und warum?
   - B Der ist am billigsten.
   - C Welchen kannst du mir denn empfehlen?

Nach Übung

12

im Kursbuch

19. Was passt zusammen?

A. Mit welchen Geräten kann man …

a)	Radio	
b)	Computer	
c)	CD-Player	
d)	(Foto-)Kamera	
e)	Fernsehgerät	
f)	Videokamera	
g)	DVD-Player	
h)	Video Phone	
i)	Discman	

Musik hören? _____

Musik aufnehmen? _____

Nachrichten hören? _____

Nachrichten hören und sehen? _____

die Kinder filmen? _____

Musikdateien abspielen? _____

Filme aufnehmen? _____

fotografieren? _____

Filme ansehen? _____

Interviews aufnehmen? _____

CDs abspielen? _____

fernsehen? _____

B. Was kann man mit den Geräten machen?

a) _Mit einem Radio kann man Musik und …_ _____

b) …

Nach Übung

13

im Kursbuch

20. Ihre Grammatik.

Unterstreichen Sie:

Wer / Was?

Wem?
•••••

Wen / Was?
‐ ‐ ‐ ‐‐

a) Der Verkäufer hat ihr auf der Messe den Discman erklärt.

b) Den Discman hat er ihr auf der Messe erklärt.

c) Dort hat er ihr den Discman erklärt.

d) Er hat ihr früher oft geholfen.

e) Seine Tante hat ihm deshalb später das Bauernhaus vererbt.

f) Das Bauernhaus hat sie ihm deshalb vererbt.

g) Die Großstadt hat ihm zuerst ein bisschen gefehlt.

h) Später hat sie ihm nicht mehr gefehlt.

	Vorfeld	Verb$_1$	Subj.	Ergänz.	Angabe	Ergänzung	Verb$_2$
a)	Der Verkäufer	hat		ihr	auf der Messe	den Discman	erklärt.
b)							
c)							
d)							
e)							
f)							
g)							
h)							

Vocabulary

verbs

aufpassen	*to pay attention, to listen well*	fließen	*to flow*
		gehören	*to belong to*
berichten	*to report, to tell*	sterben	*to die*
besichtigen	*to visit sights*	wachsen	*to grow*
bestehen (aus)	*to consist (of)*	wählen	*to choose, to elect*
erfinden	*to invent*	wandern	*to hike*

nouns

s Ausland	*foreign countries*	r Meter, -	*metre*
r Bach, ⁝e	*stream*	e Ministerin, -nen	*female minister (politics)*
e Beamtin, -nen	*female civil servant*		
r Beamte, -n; ein Beamter	*male civil servant*	r Minister, -	*male minister (politics)*
r Berg, -e	*mountain*	e Nation, -en	*nation*
e Brücke, -n	*bridge*	e Pension, -en	*guesthouse*
s Datum, Daten	*date*	e Politikerin, -nen	*female politician*
s Denkmal, ⁝er	*memorial, monument*	e Ruine, -n	*ruins*
r Dialekt, -e	*dialect*	r Politiker, -	*male politician*
s Elektrogerät, -e	*electrical appliance*	e Schauspielerin, -nen	*actress*
s Ende	*end*	r Schauspieler, -	*actor*
e Firma, Firmen	*firm, company*	e Schriftstellerin, -nen	*female writer*
r Fluss, ⁝e	*river*	r Schriftsteller, -	*male writer*
s Gasthaus, ⁝er	*pub, inn*	e Sehenswürdigkeit, -en	*sight, places of interest*
s Gebiet, -e	*region, area*		
e Grenze, -n	*border*	r Sitz, -e	*seat*
r Hafen, ⁝	*harbour, port*	e Sprache, -n	*language*
s Jahrhundert, -e	*century*	r Staat, -en	*state*
r Kilometer, -	*kilometre*	s Studium	*studies*
e Kneipe, -n	*pub, bar*	r Tod	*death*
r Kohl	*cabbage*	e Touristin, -nen	*female tourist*
e Küste, -n	*coast*	r Tourist, -en	*male tourist*
Lebensmittel (plural)	*food*	s Werk, -e	*work*

adjectives

blau	*blue*	international	*international*
endgültig	*final*	offiziell	*official*
fertig	*finished*	tief	*deep*

adverbs

damals	*then, at that time*	daher	*therefore*

function word

darin	*in it*

expression

das erste Mal	*for the first time*

Grammar

1. The date

Since chapter 1 you have been familiar with cardinal numbers. In this chapter you are introduced to ordinal numbers, which are formed by adding -te to the numbers 1 to 19 and -ste from 20 to 100. Ordinal numbers are used in dates, e.g.:

Heute ist der 20.5.
(der zwanzigste fünfte/Mai)
the twentieth of May

Ich komme am 20.5.
(am zwanzigsten fünften/Mai)
on the twentieth of May

	Heute ist ...	Ich komme ...
	der ...-te	am ...-ten
1.1.	der erste Januar	am ersten Januar
2.2.	der zweite Januar	am zweiten Januar
3.3.	der dritte März	am dritten März
4.4.	der vierte April	am vierten April
5.5.	der fünfte Mai	am fünften Mai
6.6.	der sechste Juni	am sechsten Juni
7.7.	der siebte Juli	am siebten Juli
8.8.	der achte August	am achten August
	der ...-ste	am ...-sten
20.11.	der zwanzigste November	am zwanzigsten November
21.12.	der einundzwanzigste Dezember	am einundzwanzigsten Dezember

Looking at these examples you can see that dates are written differently in German, i.e. with full stops separating the numbers rather than strokes or hyphens. The order of the numbers is day, month, year.

Remember: If you have the article *der* in front of the date, you use the endings -te or -ste respectively. If you have *am* in front of the date you use -ten or -sten respectively.

1.2. The use of prepositions in expressions of time

There are many prepositions used in expressions of time. The following table contains a list of them with examples of how they are used.

preposition	use	question	examples
an + dative on	point in times (days, times of day, dates)	wann?	am Montag, am Abend, am 5. April
in + dative in	– point in time (month, season, *Nacht, Jahr*) – future point in time (minutes, hours, days, weeks, months, years)	wann?	– im Juli, im Sommer, in der Nacht, im Jahr 1985 – in sechs Minuten, Stunden, Tagen, Wochen, Monaten, Jahren

nach + dative after	point in time (minutes, hours, days, weeks, months, years, date, time of day, events)	wann?	nach drei Minuten, Stunden, Tagen, Wochen, Monaten, Jahren nach dem 6. Januar, nach 15.00 Uhr, nach dem Krieg
um at	point in time (time of day)	wann?	um 19.00 Uhr, um halb sechs
vor + dative ago	point in time in the past (minutes, hours, days, weeks, months, years, events)	wann?	vor fünf Stunden, Minuten vor sechs Tagen, zwei Wochen, hundert Jahren vor dem Krieg
bis/bis zu + dative until	limited period of time (days, months, years, seasons, date, time of day, events)	bis wann?	bis Montag, bis Juli, bis zum Sommer, bis zum 24.5., bis 22.00 Uhr, bis 1880, bis zu seinem Tod
seit + dative since/for	period of time or point in time (minutes, hours, days, weeks, months, years, time of day, date, events)	seit wann?	seit 3 Minuten, Stunden, Tagen, Monaten, Jahren seit Juli, seit Montag, seit 1880, seit dem 5. Mai, seit 16.30 Uhr, seit seinem Tod
von ... bis (zu) + dative from ... until	period of time from one point in time to another (days, times of the day, months, years, date, time of day, events)	wie lange?	von Montag bis Freitag, von Mai bis August, von 1560 bis 1842, von gestern bis heute, von 7.30 Uhr bis 16.00 Uhr, vom 15. Mai bis zum 9. September, vom Morgen bis zum Abend, von 1964 bis zu seinem Tod

1.3. Exercise:
Write the following dates in full.
a) 5.7. _____
b) 23.4. _____
c) 1.10. _____
d) 13.11. _____
e) 7.2. _____
f) 27.3. _____
g) 3.8. _____
h) 16.6. _____

1.4. Exercise:
Translate the expressions of time and use the appropriate prepositions.
a) before the war _____
b) in December _____
c) until the evening _____
d) from Aug 15 to Aug 22 _____
e) in two years _____
f) on Thursday _____
g) after the party _____

h) after seven months _____
i) at a quarter to nine _____
j) three days ago _____
k) for three years _____
l) in the afternoon _____

2. The genitive case: nouns, articles and possessive articles (§ 4 p. 129, § 5, 6 p. 130)

2.1. The use of the genitive case

The genitive case is used as a noun complement, e.g.:

die Erfindung des Automotors   the invention of the car engine
die Reise unserer Großeltern   our grandparents' trip

It is also used to express possession as an alternative to *von* + dative, e.g.:

die Telefonnummer meines Vaters   my father's telephone number
(die Telefonnummer von meinem Vater)
der Name des Landes   the name of the country
(der Name von dem Land)

With proper names the genitive case can or must (with people) come before the noun it relates to, e.g.:

im Westen Deutschlands   _____

in Deutschlands Westen   Barbaras Adresse

im Westen von Deutschland   die Adresse von Barbara

2.2. The formation of the genitive case

	definite article	indefinite article		possessive article
		positive	negative	
der	des Stuhls	eines Stuhls	keines Stuhls	meines ... Stuhls
die	der Lampe	einer Lampe	keiner Lampe	meiner ... Lampe
das	des Regals	eines Regals	keines Regals	meines ... Regals
plural	der Stühle Lampen Regale		keiner Stühle Lampen Regale	ihrer Stühle Lampen Regale

Remember: The characteristic endings of the genitive case are for masculine and neuter nouns **-s** and for the feminine and plural **-r**. Masculine and neuter nouns in the genitive case take the ending **-s** or sometimes **-es**.

2.3. Exercise:

Translate the following expressions using the genitive case.

a) the capital of the country   _____
b) his friend's letter   _____
c) Katja's telephone number   _____
d) the towns of Germany   _____
e) the houses of the island   _____
f) my wife's ring   _____
g) the doors of the car

3. Names of countries (§ 10 p. 132)

Most names of countries have no article in German e.g.:

	wir fahren	wir wohnen	(genitive)
Deutschland	nach Deutschland	in Deutschland	die Hauptstadt Deutschlands ist Berlin
Frankreich	nach Frankreich	in Frankreich	die Hauptstadt Frankreichs ist Paris

There are, however, some names of countries that have an article e.g.:

	wir fahren (accus.)	wir wohnen (dat.)	(genitive)
die Schweiz	in die Schweiz	in der Schweiz	die Hauptstadt der Schweiz ist Bern
die Bundesrepublik	in die Bundesrepublik	in der Bundesrepublik	
die Türkei	in die Türkei	in der Türkei	
die USA (plural)	in die USA	in den USA	
die Niederlande (plural)	in die Niederlande	in den Niederlanden	

4. Prepositions with the accusative case (§ 15 p. 134, § 18 p. 136)

In German there are some prepositions that are always followed by a noun in the accusative case. This is a list of the most common ones.

preposition	translation	examples
durch	through	Der Rhein fließt durch die Bundesrepublik.
für	for	Die Schallplatte ist für meinen Bruder.
gegen	against	Ich schlug den Ball gegen die Mauer.
	for	Ich brauche ein Medikament gegen Kopfschmerzen.
	about, around	Ich komme gegen halb acht.
ohne	without	Ich fahre ohne meinen Freund in Urlaub.
um	around	Um den Bodensee gibt es einen Wanderweg.
	at	Komm bitte pünktlich um neun Uhr.

5. The interrogative article welch- (§ 7 p. 131)

The interrogative *welch-* asks for a specific person or object. That's why the definite article or a proper name is always used in the answer. It corresponds to the English interrogative *which* and is, as in English, used together with a noun. As *welch-* is used like an article it is also declined like an article e.g.:

der Fluss	● Welcher Fluss fließt durch Hamburg?		▪ Die Elbe.
die Stadt	● Welche Stadt liegt am Rhein?		▪ Bonn.
das Land	● Welches Land liegt im Süden?		▪ Die Schweiz.
die Sprachen	● Welche Sprachen spricht man in der Schweiz?		
	▪ Deutsch, Französisch, Italienisch und Rätoromanisch.		

With *welch-* you can also ask about an accusative or dative object, and it can also be used, like *which* in English, together with a preposition e.g.:

Welchen Schauspieler aus Deutschland kennen Sie?
Welcher Frau gehören die Schuhe da?
In welchem See liegt die Insel Mainau?

The following table contains all forms of *welch-*:

	masculine	feminine	neuter	plural
nominative	welcher	welche	welches	welche
accusative	welchen	welche	welches	welche
dative	welchem	welcher	welchem	welchen
genitive	welches	welcher	welches	welcher ...

5.1. Exercise:

Supply the correct form of *welch-*

a) ● Mit _____ Bus bist du gekommen?
   ▪ Mit dem 5-Uhr Bus.
b) ● _____ Schriftsteller magst du denn am liebsten?
   ▪ Ich lese gern Bücher von Thomas Mann.
c) ● _____ Rat hat dir denn der Arzt gegeben?
   ▪ Ich soll nicht so fett essen und viel Sport treiben.
d) ● Für _____ Zimmer sind denn die Vorhänge?
   ▪ Die habe ich für das Kinderzimmer gekauft.
e) ● In _____ Hotel hast du gewohnt?
   ▪ Im „Krokodil", aber es war furchtbar.
f) ● _____ Supermarkt hat denn gute Sonderangebote?
   ▪ Der HARMS-Lebensmittelfachmarkt an der Ecke.

6. Expressions of measurement

To express size, weight, depth, age, etc. the following construction consisting of number + measurement + adjective is used, e.g.:

Der Wanderweg ist 316 Kilometer lang.
Der Berg ist 1064 Meter hoch.
Der See ist 14 Kilometer breit.
Der See ist 252 Meter tief.
Der See ist 539 Quadratkilometer groß.
Rüdiger ist 28 Jahre alt.
Rüdiger ist 76 Kilogramm schwer.

LEKTION 10

Nach Übung

1

im Kursbuch

1. Welches Wort passt?

a) Wien ist _____ von Österreich.
   - [A] ein Ausland
   - [B] die Hauptstadt
   - [C] ein Staat

b) Ein _____ braucht Benzin und hat zwei Räder.
   - [A] Fahrrad
   - [B] Motorrad
   - [C] Auto

c) ● Welches _____ haben wir heute?
   ■ Heute ist der 1. Juni 1991.
   - [A] Datum
   - [B] Termin
   - [C] Tag

d) In meinem Regal stehen alle _____ von Goethe.
   - [A] Adressen
   - [B] Dialekte
   - [C] Bücher

e) In Deutschland ist ein Lehrer _____ .
   - [A] Künstler
   - [B] Handwerker
   - [C] Beamter

f) Im Theater arbeiten _____ .
   - [A] Schauspieler
   - [B] Künstler
   - [C] Schriftsteller

Nach Übung

2

im Kursbuch

2. Welche Wörter bedeuten Berufe, welche nicht?

~~Arzt~~ Friseur Person Verkäufer Doktor Kollege Österreicher Chef Sohn ~~Student~~ Deutscher Bruder Mann Tante Politiker Polizist Junge Bäcker Passagier Eltern Lehrer Minister Hausfrau Schriftsteller Tourist Freund Maler Tochter Nachbar Schauspieler Schweizer Beamter Herr Schüler Ausländer

a) Berufe

   Arzt / Ärztin
   ...

b) keine Berufe

   Student / Studentin
   ...

Nach Übung

3

im Kursbuch

3. Schreiben Sie die Zahlen.

a) der 1. _____ Januar
b) der 2. _____ Februar
c) der 3. _____ März
d) der 4. _____ April
e) der 5. _____ Mai
f) der 6. _____ Juni
g) der 7. _____ Juli

h) der 8. _____ August
i) der 9. _____ September
j) der 10. _____ Oktober
k) der 11. _____ November
l) der 12. _____ Dezember
m) der 13. _____ August
n) der 14. _____ Oktober

4. Was passt zusammen?

Nach Übung
3
im Kursbuch

| Fußball | einen Brief | ein Buch | eine Insel | ein Bild |
| eine Maschine | ein Lied | ein Gerät | ein Land | Tennis |

a) _____ entdecken   d) _____ erfinden
b) _____ schreiben   e) _____ malen
c) _____ komponieren   f) _____ spielen

5. Wann hat … gelebt? Schreiben Sie.

Nach Übung
3
im Kursbuch

a) Thomas Mann   1875–1955

von achtzehnhundertfünfundsiebzig bis neunzehnhundertfünfundfünfzig

b) Max Frisch   1911–1991   g) Johann Sebastian Bach   1685–1750
c) Albert Einstein   1879–1955   h) Martin Luther   1483–1546
d) Adolph von Menzel   1815–1905   i) Meister Eckhart   1260–1328
e) Heinrich Heine   1797–1856   j) Friedrich I. Barbarossa 1125–1190
f) Friedrich Schiller   1759–1805   k) Karl der Große   742–814

6. Was wissen Sie über Thomas Mann? Schreiben Sie.

Nach Übung
3
im Kursbuch

1875 in Lübeck
mit 26 Jahren das Buch „Die Buddenbrooks"
etwa 40 Jahre lang in München
fünf Kinder
1929 den Nobelpreis für Literatur
1933 aus Deutschland
kurze Zeit in der Schweiz
1938 nach Amerika
nach dem Zweiten Weltkrieg nach Europa
von 1952 bis zu seinem Tod in der Schweiz
Deutschland nur noch manchmal
1955 in Kilchberg bei Zürich

bekommen   besuchen
~~geboren sein~~   gehen
haben   leben   sein
schreiben   sterben
zurückkommen   weggehen
wohnen

Thomas Mann ist 1875 in Lübeck geboren.

…

Nach Übung

3

im Kursbuch

7. Ergänzen Sie.

von ... bis ...	bis	in	an	seit	nach	vor

Goethe ist (a) _____ 28. August 1749 in Frankfurt am Main geboren. (b) _____ 1765 geht er dort zur Schule. (c) _____ 1765 _____ 1768 studiert er in Leipzig. (d) _____ _____ Studium dort geht er an die Universität in Straßburg und promoviert dort (e) _____ Jahr 1771. Er wohnt dann wieder in Frankfurt und arbeitet dort (f) _____ 1771 _____ 1775 als Rechtsanwalt. (g) _____ _____ vier Jahren in Frankfurt schreibt er den Roman „Die Leiden des jungen Werthers". Das Buch macht ihn in ganz Europa berühmt. (h) _____ Jahr 1775 ruft ihn der Herzog Karl August nach Weimar. Goethe arbeitet dort als Landesbeamter und sogar als Minister. 1786 reist er nach Italien und bleibt dort (i) _____ 1788. Er kommt (j) _____ _____ Reise nach Weimar zurück. 1806 heiratet er Christiane Vulpius. Mit ihr lebt er schon (k) _____ 1788 zusammen. (l) _____ _____ Weimarer Zeit interessiert ihn vor allem die Naturwissenschaft. Erst (m) _____ _____ Freundschaft und Zusammenarbeit mit Friedrich Schiller (1794 (n) _____ 1805) schreibt er wieder wichtige literarische Werke: „Wilhelm Meisters Lehrjahre", „Reineke Fuchs", „Hermann und Dorothea", „Die natürliche Tochter" und, (o) _____ Schillers Tod 1805, den „Faust" (1. Teil), die „Wahlverwandtschaften", „Aus meinem Leben. Dichtung und Wahrheit", „Wilhelm Meisters Wanderjahre" und den „West-östlichen Divan". (p) _____ _____ letzten Monaten (q) _____ _____ Tod beendet er die Arbeiten am „Faust" (2. Teil). Goethe stirbt (r) _____ Jahr 1832 in Weimar.

Nach Übung

5

im Kursbuch

8. Woher kommt er/sie? Was spricht er/sie? Schreiben Sie.

a)   b)   c)   d)

Er ist Spanier.
Er kommt aus Spanien.
Er spricht spanisch.

_____   _____   _____
_____   _____   _____
_____   _____   _____

9. Lesen Sie noch einmal die Seiten 13, 16 und 17 im Kursbuch. Ergänzen Sie dann.

Nach Übung

5

im Kursbuch

	Er / Sie heißt …	Er / Sie ist aus …	Er / Sie ist …	Er / Sie spricht …
a)	Julia Omelas Cunha		Brasilianerin	
b)	Victoria Roncart	Frankreich		
c)	Farbin Halim			Hindi
d)	Kota Oikawa	Japan		
e)	Sven Gustafsson			Schwedisch
f)	Ewald Hoppe		Pole	
g)	John Roberts			Englisch
h)	Monika Sager	Deutschland		

10. Ergänzen Sie.

Nach Übung

5

im Kursbuch

> aber   dann   deshalb   oder   und   trotzdem   sonst

a) Deutsch spricht man in Deutschland _____ in Österreich, _____ auch in einem Teil der Schweiz.

b) Das Elsass gehört zu Frankreich, _____ viele Menschen sprechen dort einen deutschen Dialekt.

c) Der Süden von Dänemark war früher manchmal deutsch und manchmal dänisch. _____ sprechen dort noch viele Menschen Deutsch.

d) Seit mehr als 100 Jahren leben deutsche Familien in Russland. Sie hatten wenig Kontakt zu Deutschland. _____ haben sie die deutsche Sprache nicht vergessen. Ihr Deutsch ist nicht sehr modern, _____ jeder Deutsche kann sie gut verstehen.

e) Sie möchten die deutsche Sprache und ihre Dialekte kennenlernen? _____ machen Sie am besten eine Reise durch Deutschland!

f) Herr und Frau Raimund möchten Französisch lernen. _____ machen sie beide einen Sprachkurs. Im Juli ist der Kurs zu Ende. _____ wollen sie in Frankreich Urlaub machen.

g) Was kann man leichter lernen: Englisch _____ Französisch?

h) Man muss eine Fremdsprache gut sprechen, _____ kann man im Ausland keine Freunde finden.

Nach Übung

6

im Kursbuch

11. Ergänzen Sie.

a) die Straßen (Hauptstadt) _der_   _Hauptstadt_ _____
b) der Komponist (Lieder) _____ _____
c) am Ende (Jahrhundert) _____ _____
d) das Zentrum (Stadt) _____ _____
e) die Arbeit (Stadtparlament) _____ _____
f) der Chef (Orchester) _____ _____
g) im Westen (Land) _____ _____
h) die Namen (Firmen) _____ _____
i) das Dach (Turm) _____ _____
j) die Adressen (Geschäfte) _____ _____

Nach Übung

6

im Kursbuch

12. Sagen Sie es anders.

Das ist die Telefonnummer …   =   Das ist die Telefonnummer …

a) meiner Mutter   =   _von meiner Mutter_ _____

b) seines Vaters   =   _von_ _____
c) unserer Schule   =   _____
d) ihres Chefs   =   _____
e) deines Kollegen   =   _____
f) der Reinigung   =   _____
g) des Rathauses   =   _____
h) unserer Nachbarn   =   _____

i) _der Bibliothek_ _____   =   von der Bibliothek
j) _____   =   von meinem Vermieter
k) _____   =   vom Gasthaus Schmidt
l) _____   =   von einem Restaurant
m) _____   =   vom Café Fischer
n) _____   =   von unserem Arzt
o) _____   =   von euren Nachbarn
p) _____   =   vom Nationalmuseum

Das ist die Telefonnummer …   =   Das ist …

q) von Barbara   =   _Barbaras Telefonnummer_ _____
r) von Werner   =   _____
s) von Hanne   =   _____
t) von Jürgen   =   _____
u) von Ulrike   =   _____

13. Lesen Sie im Kursbuch Seite 122. Steht das so im Text?

Nach Übung

7

im Kursbuch

	r	f

1. Der Dresdner Zwinger ist die größte Kirche Deutschlands.
2. Im Juni 1880 war das Riesenrad endlich fertig.
3. Die Gedächtniskirche ist eine Ruine.
4. Bier aus dem Hofbräuhaus gibt es seit mehr als 400 Jahren.
5. Ein Engländer hat den Berner „Zytglogge" gebaut.
6. Heute können die Touristen den Dresdner Zwinger wieder besichtigen.
7. In die Stadt Bern kann man nur durch einen Turm hineinkommen.
8. Die Bauzeit des Kölner Doms war sehr lang.
9. Der „Michel" steht am Hamburger Hafen.
10. In Frankfurt finden die Messen auf dem Römerberg statt.

14. Welches Verb passt? Ergänzen Sie.

Nach Übung

7

im Kursbuch

geboren sein	gehören	bestehen	gestorben sein	raten	wählen	besichtigen

a) zu Österreich / zum Hotel / zu einer Gruppe _____
b) einen Namen / eine Person / richtig _____
c) in Wien / mit 79 Jahren / am 5. Januar _____
d) einen Minister / einen Politiker / das Parlament _____
e) eine Kirche / das Denkmal / ein Schloss _____
f) aus Fleisch und Gemüse / aus Holz / aus Papier _____
g) in Heidelberg / am 25. Mai 1954 / vor 25 Jahren _____

15. Ergänzen Sie. Was passt zusammen?

Nach Übung

7

im Kursbuch

mit einem Freund	bei einem Freund	für einen Freund	dem Freund ein Buch
einem Freund	ein Freund	zu einem Freund	einen Freund

a) _____ telefonieren / verabredet sein / sprechen
b) _____ leihen / schenken / schicken
c) _____ wohnen / bleiben / übernachten
d) _____ gehen / ziehen / fahren
e) _____ helfen / leidtun / zuhören
f) _____ einkaufen / bezahlen / Zeit haben
g) _____ anrufen / einladen / heiraten
h) _____ sein / bleiben / werden

16. Welche Verben sind möglich?

A. Herr Ziehl
a) ☐ fährt
b) ☐ arbeitet
c) ☐ besichtigt
d) ☐ bleibt
e) ☐ bringt
f) ☐ beschreibt
g) ☐ fragt
h) ☐ fotografiert
i) ☐ trifft
j) ☐ kennt

den Hafen.

B. Deutschland
a) ☐ besteht aus
b) ☐ gehört zu
c) ☐ verbindet mit
d) ☐ geht zu
e) ☐ liegt in
f) ☐ kommt aus
g) ☐ ist ein Teil von
h) ☐ diskutiert mit
i) ☐ ist in

Europa.

17. Ergänzen Sie. Lesen Sie vorher den Text im Kursbuch auf Seite 124/125.

(a) Am _____ treffen sich drei _____ : (b) Deutschland, _____ _____ _____ Schweiz. (c) Die _____ zwischen den drei _____ sind sehr offen. (d) Man kann _____ Probleme _____ einem Land _____ das andere _____ . (e) Im Südosten _____ Sees liegt Österreich, im Südwesten _____ Schweiz und im Norden Deutschland. (f) 168 Kilometer seines _____ gehören _____ Deutschland. (g) Das Ufer in der _____ ist 69 _____ _____ , 40 Kilometer _____ als das Ufer in Österreich. (h) _____ Mai _____ Oktober verbinden _____ und zwei _____ die Städte am Bodensee. (i) Mehr als 200 _____ und _____ fließen in den See. (j) _____ ist 63 Kilometer _____ und 14 Kilometer _____ . (k) Jedes Jahr kommen viele _____ _____ den Bodensee und _____ dort Urlaub. (l) Auf zwei über 300 Kilometer langen Wegen können Sie rund _____ den See _____ oder Rad fahren.

18. Ergänzen Sie die Präpositionen und Artikel.

in	durch	nach	auf	um	an	über

a) Viele Schweizer fahren _____ Friedrichshafen und kaufen dort ein.
b) _____ Westen der Schweiz sprechen die Leute Französisch.
c) In den Dörfern _____ _____ Nordseeküste und _____ _____ Nordseeinseln sprechen viele Leute Plattdeutsch.
d) Gestern sind wir _____ _____ Pfänder gewandert. Er ist 1064 Meter hoch. Der Blick von dort _____ _____ Bodensee ist fantastisch.
e) Der Wanderweg rund _____ _____ Bodensee ist 316 Kilometer lang.
f) Der Rhein fließt _____ _____ Bodensee.
g) Gehen Sie dort _____ _____ Brücke. Dann kommen Sie _____ _____ Insel Mainau.
h) Früher ist man in Bern _____ _____ Zeitglockenturm _____ _____ Stadt gegangen.

Nach Übung

11

im Kursbuch

i) Das Land Liechtenstein liegt _____ _____ Nähe des Bodensees.

j) _____ _____ Bodenseeinseln dürfen keine Autos fahren.

k) Wir fahren am Wochenende _____ _____ Alpen. Denn _____ _____ Bergen liegt jetzt genug Schnee; man kann dort sehr gut Ski fahren.

19. Welches Wort passt nicht?

a) Sprache – Dialekt – Deutsch – Buch

b) Ausland – Österreich – Schweiz – Liechtenstein

c) Strand – Küste – Meer – Ufer

d) Hafen – Bahnhof – Schiff – Flughafen

e) Meter – Kilogramm – Liter – Tasse – Kilometer

f) breit – rund – tief – lang – hoch – kurz

g) Kneipe – Museum – Hotel – Schloss – Denkmal

h) Fluss – Bach – Meer – Bad

i) Fahrrad – Fähre – Auto – Flugzeug

j) Nation – Staat – Land – Natur

k) Hafen – Brücke – Straße – Weg

l) Dorf – Stadt – Ort – Parlament

m) Norden – Süden – Osten – Wiesen

n) Hotel – Pension – Museum – Gasthof

o) mit dem Auto – zu Fuß – mit dem Rad – mit dem Fuß – mit dem Schiff

20. Was passt?

Nach Übung

11

im Kursbuch

> etwas   vor allem   meistens   oft
>
> ganz   selten   fast
>
> manchmal   natürlich   plötzlich   vielleicht

a) (Gewöhnlich) _____ trinke ich abends Tee.

b) (Selbstverständlich) _____ kannst du mitkommen.

c) Das ist (völlig) _____ unmöglich.

d) Leider habe ich (kaum noch Freunde) _____ keine Freunde mehr.

e) (Ganz besonders) _____ mag ich Jazzmusik.

f) (Eventuell) _____ fahren wir heute noch nach Hause.

g) Nach Berlin kommen wir (nicht oft) _____.

h) Möchten Sie noch (ein bisschen) _____ Wein?

i) Meine Freunde sehe ich (häufig) _____.

j) Auf dem Petersplatz in Rom waren viele Leute, und (in einer Sekunde) _____ habe ich meinen Freund nicht mehr gesehen.

k) Meistens kann ich gut schlafen, aber (nicht immer) _____ trinke ich zu viel Kaffee, und dann habe ich Probleme.

Nach Übung

11

im Kursbuch

21. Was passt?

a) Dieses Buch über die Berliner Museen ist _____ interessant.

    A ganz besonders   B praktisch   C genau

b) Geh bitte zum Lebensmittelmarkt und kauf Milch. _____ brauche ich noch Obst und Gemüse vom Markt.

    A Ungefähr   B Außerdem   C Wirklich

c) Ich komme etwa um sieben Uhr nach Hause, _____ auch etwas später.

    A ungefähr   B endlich   C eventuell

d) Kleidung, Schuhe, Skizeug: Da ist ja _____ noch Platz im Koffer!

    A fast   B kaum   C ziemlich

e) Fred hat das Auto erst vor vier Monaten gekauft. Es ist noch _____ neu.

    A direkt   B fast   C eventuell

f) Das habe ich noch nie gesehen! Ich glaube, das geht gar nicht! Das ist _____ unmöglich.

    A kaum   B endlich   C praktisch

g) _____ trinke ich morgens Tee, aber heute möchte ich gern einen Kaffee.

    A Gewöhnlich   B Praktisch   C Unbedingt

h) Warum fragst du überhaupt? _____ bist du auch eingeladen.

    A Wohl   B Natürlich   C Gar nicht

i) Sofie isst gern Torte, _____ Schokoladentorte.

    A gleichzeitig   B vor allem   C eigentlich

j) _____ rufe ich dich an. Das ist doch gar kein Problem.

    A Einfach   B Wirklich   C Selbstverständlich

k) Meine Wohnung hat nicht nur einen Balkon, sie hat _____ einen Garten.

    A ungefähr   B sogar   C überall

Nach Übung

11

im Kursbuch

22. Schreiben Sie den Brief neu.

a) Ordnen Sie die Teile.

*annes,
Woche bin ich nun
Bodensee. Ich finde
Tag haben wir*

*Wandern. Die
mir, sonst*

Grüße

*schon mit meinem
es hier fantastisch.*

*stundenlang
Nur Du fehlst
Woche!
Ganz herzliche
Katrin*

*Sonne, und ich kann
Berge sind herrlich.
ist alles prima. Bis nächste*

*Lieber Joh
seit einer
Zelt am
Den ganzen*

b) Schreiben Sie den Brief

*Lieber Johannes,
seit einer Woche ...*

Lektion 1

1. **a)** *heißen · heiße* **b)** heißt · ist **c)** ist · bin **d)** Sind · bin **e)** bist · heiße **f)** sind

2. **b)** Das bin ich. **c)** Mein Name ist Koch. / Ich heiße Koch. **d)** Nein, mein Name ist Beier. / Nein, ich heiße Beier. **e)** Ich heiße Paul. / Mein Name ist Paul.

3. **a)** *ist* · bin · sind · ist **b)** t · e · ist **c)** en · e · ist **d)** e · bist · ist

4.

	ich	du	Sie	mein Name / wer?
sein	*bin*	bist	sind	ist
heißen	heiße	heißt	heißen	

5. Situation A: Dialog c); Situation B: Dialog e); Situation C: Dialog a); Situation D: Dialog b); Situation E: Dialog d)

6. **a)** *Wie heißen Sie?* Mein Name ist Müller. **b)** Wer ist Frau Beier? Das bin ich. **c)** Sind Sie Herr Lüders? Nein, ich heiße Röder. **d)** Wie heißt du? Ich heiße Ingrid. **e)** Wie geht es Ihnen? · Es geht **f)** Wie geht es dir? · Danke, gut! · Und dir? · Danke, auch gut!

7. **b)** dein Name **c)** Wie geht es Ihnen? **d)** wo? **e)** Herr Farahani **f)** Familienname **g)** Ihre Telefonnummer **h)** Danke schön!

8. **a)** *Wie* heißen Sie? · Wie ist Ihr Vorname? · Wo wohnen Sie? · Wie ist Ihre Adresse? · Wie ist Ihre Telefonnummer? / Und wie ist Ihre Telefonnummer? **b)** *Wie* heißt du? · Wie ist dein Familienname? · Wo wohnst du? · Wie ist deine Adresse? · Wie ist deine Telefonnummer? / Und wie ist deine Telefonnummer?

9. 1 Familienname 2 Vorname 3 Straße 4 Wohnort 5 Adresse 6 Telefonnummer

10. **a)** Wie **b)** Wo **c)** Wie **d)** Wie **e)** Wie **f)** Wer **g)** Wie **h)** Wer

11. **a)** siebenundvierzig **b)** achtundachtzig **c)** einunddreißig **d)** neunzehn **e)** dreiunddreißig **f)** zweiundfünfzig **g)** dreizehn **h)** einundzwanzig **i)** fünfundfünfzig **j)** dreiundneunzig **k)** vierundzwanzig **l)** sechsundsechzig **m)** siebzehn **n)** fünfundneunzig

12. **a)** We Ee eS – Ka eN zweiundfünfzig **b)** Ce eL Pe – Jot Ypsilon vierunddreißig **c)** Zet We – Aa eS siebenundzwanzig **d)** eF u-Umlaut – iX Te achtundvierzig **e)** eS Ha Ge – Ii Ce einundsiebzig **f)** Te Be Be – Ka eM dreiundachtzig **g)** Be Oo eR – Qu Uu fünfundneunzig **h)** eM Te Ka – Ka eR siebzehn **i)** Aa Uu eR – Vau Ypsilon neunundsechzig **j)** eL o-Umlaut – Ka Ge zwölf **k)** eF eF Be – Oo Te acht **l)** eR Oo We – eS Ypsilon neunzehn

13. **a)** Kersten **b)** Kersch **c)** Kersting **d)** Kerting **e)** Kersen **f)** Kerstelge **g)** Kerski

14. **b)** *Bitte* buchstabieren Sie langsam! **c)** Bitte spielen Sie Dialoge! **d)** Bitte lesen Sie! **e)** Bitte hören Sie noch einmal! **f)** Bitte ergänzen Sie! **g)** Bitte schreiben Sie Dialoge!

15. ● *Lehmann*
■ Hallo? Wer ist da, bitte?
● Lehmann.
■ Lehmann? Ist da nicht 77 65 43?
● Nein, meine Nummer ist 77 35 43.
■ Oh, Entschuldigung.
● Bitte, bitte. Macht nichts.

16. **a)** *Das ist Klaus-Maria Brandauer. Er wohnt in* Wien.
b) Das ist Veronica Ferres. Sie wohnt in München.
c) Das sind Doris Schröder-Köpf und Gerhard Schröder. Sie wohnen in Hannover.
d) Das ist Kurt Masur. Er wohnt in Leipzig.
e) Das ist Christa Wolf. Sie wohnt in Berlin.
f) Das ist Maximilian Schell. Er wohnt in Graz.

17. **a)** ● *Guten Tag. Mein Name ist Varga.*
■ *Und ich heiße Tendera.*
● *Woher* sind Sie?
■ *Ich bin* aus Italien. *Und Sie?*
● *Ich bin* aus Ungarn.
b) ● Guten Tag. Mein Name ist Farahani.
■ Und ich heiße Biro.
● Woher kommen Sie?
■ Ich komme aus Frankreich. Und Sie?
● Ich komme aus dem Iran. / … aus Iran.

c) ● Guten Tag. Ich bin die Sabine. / Ich heiße Sabine. / Mein Name ist Sabine.
■ Und ich heiße João. / Und ich bin der João.
● Woher bist du?
■ Ich bin aus Brasilien. Und du?
● Ich bin aus Österreich.

18. **a)** kommen / sein   **b)** sein   **c)** leben / studieren / wohnen / arbeiten / sein   **d)** studieren   **e)** spielen   **f)** lernen / sprechen   **g)** lernen   **h)** heißen

19. **a)** ist · t · ist · t · t · ist · ist · t   **b)** ist · sind · en · sind (kommen) · en   **c)** ist · ist · Ist · t · et · t · ist · t   **d)** sind · e · en · te · ist · bin

20.

	sie (Sabine)	er (Imre)	sie (João und Luiza)	Sie
sein	*ist*	ist	*sind*	sind
heißen	heißt	heißt	heißen	heißen
kommen	kommt	kommt	kommen	kommen
wohnen	wohnt	wohnt	wohnen	wohnen

21. **b)** Beruf   **c)** Mädchen   **d)** studieren   **e)** Land   **f)** Herr Röder   **g)** schreiben   **h)** aus   **i)** Hobby   **j)** Kind   **k)** lesen

22. **a)** B   **b)** B   **c)** C   **d)** A   **e)** C   **f)** A   **g)** C   **h)** A

23. a)

	Frau Wiechert	Herr Matter	Herr Baumer	Und Sie?
Vorname / Alter	*Angelika*	Gottfried	Klaus-Otto	…
Wohnort	Hamburg	Brienz	Vaduz	…
Beruf	Ingenieurin	Landwirt	Automechaniker	…
Familienstand	verheiratet	verheiratet	verwitwet	…
Kinder	zwei	vier	keine (?)	…
Hobbys	Lesen, Surfen	keine (?)	Reisen	…

b) *Das ist Angelika Wiechert. Sie ist 34 Jahre alt und wohnt in Hamburg. Frau Wiechert ist* Ingenieurin. *Sie ist* verheiratet *und hat* zwei Kinder. *Ihre Hobbys sind* Lesen und Surfen.
Das ist Gottfried Matter. Er ist 44 Jahre alt und wohnt in Brienz. Herr Matter ist Landwirt. Er ist verheiratet und hat vier Kinder.
Das ist Klaus-Otto Baumer. Er ist 53 Jahre alt und wohnt in Vaduz. Er ist Automechaniker und verwitwet. Sein Hobby ist Reisen.
Ich heiße … (individuelle Lösung)

24. **a)** *Ich heiße Klaus-Otto Baumer und* bin Automechaniker. Ich wohne in Vaduz. Ich habe dort eine Autofirma. Ich bin 53 Jahre alt und verwitwet. Ich bin oft in Österreich und in der Schweiz. Dort kaufe und verkaufe ich Autos. Mein Hobby ist Reisen.
b) *Ich heiße Ewald Hoppe und* komme aus Polen. Ich wohne in Rostock. Ich bin 60 Jahre alt. Ich bin Elektrotechniker. Ich bin verheiratet, meine Frau heißt Irena. Ich habe zwei Kinder. Sie sind 24 und 20 Jahre alt.

25. **a)** schon · erst   **b)** erst · schon   **c)** erst · schon   **d)** schon · schon   **e)** schon · erst   **f)** erst · schon   **g)** schon · erst

26. **a)** *Wie bitte? Wer ist das?*   **b)** *Wie bitte? Wie ist* ihr Vorname?   **c)** *Wie bitte? Woher* kommt sie?   **d)** *Wie bitte?* Wo wohnt sie?   **e)** *Wie* bitte? Was studiert sie?   **f)** Wie bitte? Was ist ihr Hobby?

27. **a)** Ist (*Herr Roberts*) (*Automechaniker*)?   **b)** Heißt sie Heinemann? / Ist ihr Name Heinemann?   **c)** Kommt (*Herr Roberts*) aus (*England*)?   **d)** Ist er neu hier?   **e)** Sind Sie Frau Röder? / Heißen Sie Röder?   **f)** Ist hier noch frei?   **g)** Reist (*Herr Baumer*) gern?   **h)** Studiert (*Monika*) (*Chemie*)?   **i)** Ist (*Herr Hoppe*) verheiratet?   **j)** Woher kommt (*John Roberts*)?   **k)** Was studiert (*Monika*)?   **l)** Surfst du gern? / Surfen Sie gern?   **m)** Ist (*Margot Schulz*) (*Sekretärin*)?   **n)** Ist hier frei? / Ist hier noch frei?   **o)** Wie ist Ihr Vorname?   **p)** Wo wohnt Abdollah?   **q)** Heißt er (*Juan*)?   **r)** Wer ist das?

28.
- ● *Guten Morgen, ist hier noch frei?*
- ■ *Ja*, bitte schön. – Sind Sie neu hier?
- ● Ja, ich arbeite erst drei Tage hier.
- ■ Sind Sie aus England?
- ● Nein, aus Neuseeland.
- ■ Und was machen Sie hier?
- ● Ich bin Programmierer. Ich heiße John Roberts.

(auch andere Lösungen sind möglich!)

29. **a)** noch   **b)** noch   **c)** schon   **d)** noch · schon   **e)** noch · schon   **f)** schon · noch   **g)** noch · schon   **h)** noch

30. **a)** st · est · est · bist (kommst) · e · st · bin (komme) · st · est · e
b) t · et · et · seid (kommt) · en · Seid · sind · t · et · en

31.

	ich	du	wir	ihr
studieren	*studiere*	studierst	studieren	studiert
arbeiten	arbeite	arbeitest	arbeiten	arbeitet
sein	bin	bist	sind	seid
heißen	heiße	heißt	heißen	heißt

32. **a)** Danke   **b)** Bitte   **c)** bitte · Danke   **d)** Bitte · Danke · Bitte   **e)** bitte   **f)** bitte · Danke

33. **a)** C   **b)** C   **c)** A   **d)** B   **e)** B   **f)** A   **g)** C   **h)** B   **i)** A   **j)** C   **k)** B

34.
- ● *Hallo! Habt ihr Feuer?*
- ■ *Ja,* hier, bitte!
- ● Danke! Wartet ihr schon lange?
- ■ Ja.
- ● Woher seid ihr?
- ■ Wir sind aus Berlin. Und woher kommst du?
- ● Ich? Aus Stade.
- ■ Wo ist das denn?
- ● Bei Hamburg. Wohin möchtet ihr?
- ■ Nach Frankfurt. Und du?
- ● Nach Wien.

Lektion 2

1. **a)** *Elektroherd*, Stuhl, Topf, Mine, Kamera, Wasserhahn, Glühbirne
b) Kugelschreiber, Lampe, Waschbecken, Stecker, Batterie, Zahl
c) Steckdose, Taschenlampe, Tisch, Foto, Taschenrechner

2. **a)** der   **b)** die   **c)** der   **d)** die   **e)** der   **f)** der   **g)** der   **h)** das   **i)** die   **j)** die   **k)** die   **l)** die   **m)** der   **n)** der   **o)** das   **p)** der

3. **a)** *der* Küchenschrank   **b)** die Spüle   **c)** das Küchenregal   **d)** der Küchenstuhl / der Stuhl   **e)** die Küchenlampe / die Lampe   **f)** der Stecker   **g)** der Elektroherd   **h)** das Waschbecken   **i)** die Steckdose   **j)** die Mikrowelle   **k)** der Wasserhahn   **l)** der Küchentisch / der Tisch   **m)** die Glühbirne   **n)** der Geschirrspüler

4. **a)** sie   **b)** Er   **c)** Er   **d)** Sie   **e)** Sie   **f)** Es   **g)** Sie   **h)** Sie   **i)** Er

5. **a)** ein   **b)** Das   **c)** eine   **d)** Die   **e)** Der · ein · ein   **f)** Der · der   **g)** Die · – · die · eine   **h)** Die · die

6. **a)** *Das ist ein Küchenschrank. Der Schrank hat drei Regale. Er kostet € 698,–.*
b) *Das ist* eine Spüle. Die Spüle hat zwei Becken. Sie kostet € 199,–.
c) Das ist ein Kochfeld. Das Kochfeld ist aus Glaskeramik. Es kostet € 489,–.
d) Das sind Küchenstühle. Die Stühle sind sehr bequem. Sie kosten € 185,–.
e) Das ist ein Elektroherd. Der Herd ist sehr modern. Er kostet € 987,–.
f) Das ist eine Mikrowelle. Die Mikrowelle hat 1000 Watt. Sie kostet € 568,–.
g) Das ist ein Geschirrspüler. Der Geschirrspüler hat fünf Programme. Er kostet € 849,–.
h) Das ist eine Küchenlampe. Die Lampe hat vier Glühbirnen. Sie kostet € 157,–.
i) Das ist ein Küchenregal. Das Regal ist sehr praktisch. Es kostet € 108,–.

7. **a)** Spüle   **b)** Bild   **c)** Abfalleimer   **d)** Regal   **e)** Uhr

8. 1 *Ein Elektroherd* 2 *Eine* Lampe 3 Ein Tisch 4 Ein Waschbecken 5 Batterien 6 Ein Wasserhahn 7 Ein Foto 8 Eine Taschenlampe 9 Ein Topf 10 Eine Mine 11 Ein Kugelschreiber 12 Ein Taschenrechner 13 Eine Uhr 14 Ein Stuhl 15 Ein Fernsehapparat 16 Zahlen 17 Eine Steckdose 18 Ein Stecker 19 Ein Radio 20 Eine Kamera 21 Ein Telefon 22 Ein Bild 23 Ein Abfalleimer 24 Ein Kühlschrank 25 Eine Glühbirne

9. **a)** *Wer ist das?* **b)** Was ist das? **c)** Was ist das? **d)** Wer ist das? **e)** Was **f)** Wer **g)** Wer **h)** Was

10. **a)** *Da ist kein* Elektroherd. **b)** Da ist kein Tisch. **c)** Da ist keine Lampe. **d)** Da ist kein Regal. **e)** Da sind keine Stühle. **f)** Da ist keine Waschmaschine.

11. **a)** Elektroherd, Fernsehapparat, Abfalleimer, Kühlschrank, Kugelschreiber, Stecker, Stuhl, Taschenrechner, Geschirrspüler, Schrank, Tisch
b) Taschenlampe, Mine, Lampe, Glühbirne, Uhr, Steckdose, Spüle, Mikrowelle
c) Foto, Bild, Radio, Regal, Telefon, Handy

12. -e *das Telefon, die Telefone*; der Elektroherd, die Elektroherde; der Tisch, die Tische; der Beruf, die Berufe; das Regal, die Regale; der Fernsehapparat, die Fernsehapparate
˙˙e *der Stuhl, die Stühle*; der Wasserhahn, die Wasserhähne; der Topf, die Töpfe; der Arzt, die Ärzte
-n *die Lampe, die Lampen*; die Spüle, die Spülen; der Name, die Namen; die Glühbirne, die Glühbirnen; die Spülmaschine, die Spülmaschinen; die Batterie, die Batterien; die Mikrowelle, die Mikrowellen; die Mine, die Minen.
-en *die Uhr, die Uhren*; die Zahl, die Zahlen; die Frau, die Frauen
- *der Stecker, die Stecker*; der Kugelschreiber, die Kugelschreiber; der Abfalleimer, die Abfalleimer; das Waschbecken, die Waschbecken; der Ausländer, die Ausländer; das Mädchen, die Mädchen; der Taschenrechner, die Taschenrechner
˙˙ *die Mutter, die Mütter*
-er *das Bild, die Bilder*; das Kochfeld, die Kochfelder; das Kind, die Kinder
˙˙er *der Mann, die Männer*; das Land, die Länder
-s *das Foto, die Fotos*; die Kamera, die Kameras; das Radio, die Radios; das Hobby, die Hobbys; das Auto, die Autos; das Handy, die Handys

13. **a)** *264* **b)** 192 **c)** 581 **d)** 712 **e)** 655 **f)** 963 **g)** 128 **h)** 313 **i)** 731 **j)** 547 **k)** 886 **l)** 675 **m)** 238 **n)** 493 **o)** 922 **p)** 109 **q)** 816 **r)** 201

14. **a)** achthundertzwei **b)** einhundertneun **c)** zweihundertvierunddreißig **d)** dreihundertsechsundfünfzig **e)** siebenhundertachtundachtzig **f)** dreihundertdreiundsiebzig **g)** neunhundertzwölf **h)** vierhunderteins **i)** sechshundertzweiundneunzig **j)** fünfhundertdreiundvierzig **k)** vierhundertachtundzwanzig **l)** siebenhundertneunundsiebzig **m)** zweihundertvierundachtzig **n)** neunhundertsiebenundneunzig **o)** zweihundertachtunddreißig **p)** fünfhundertdreizehn **q)** neunhundertvierundfünfzig **r)** siebenhundertsechsundachtzig

15. **a)** Ihre **b)** dein **c)** Ihre **d)** Ihre **e)** deine **f)** deine

16. **a)** Benzin **b)** Foto **c)** frei **d)** waschen **e)** hören und sprechen **f)** spülen **g)** bequem

17. **a)** sie **b)** es **c)** sie **d)** er **e)** sie **f)** sie **g)** sie **h)** es

18. **a)** fährt gut **b)** ist ehrlich **c)** spült nicht **d)** antwortet nicht **e)** ist kaputt **f)** wäscht nicht **g)** ist leer **h)** ist praktisch **i)** wäscht gut **j)** ist ledig **k)** ist klein **l)** ist ehrlich

19. **b)** *Nein, das* sind ihre Fotos. **c)** Nein, das ist sein Kugelschreiber. **d)** Nein, das ist ihr Radio. **e)** Nein, das ist ihre Lampe. **f)** Nein, das ist ihr Fernsehapparat. **g)** Nein, das sind seine Batterien. **h)** Nein, das ist ihre Kamera. **i)** Nein, das ist ihr Auto. **j)** Nein, das ist seine Taschenlampe. **k)** Nein, das ist ihr Taschenrechner. **l)** Nein, das ist ihr Handy.

Lektion 3

1. ESSEN: REIS, GEMÜSE, KÄSE, FLEISCH, HÄHNCHEN
   TRINKEN: TEE, BIER, MILCH, ORANGENSAFT, KAFFEE, WASSER, WEIN
   SONSTIGES: FLASCHE, DOSE, ABEND, TASSE, TELLER, MITTAG, GABEL, LÖFFEL, MESSER

2. **a)** ... *Der Sohn* isst ein Hähnchen mit Pommes frites und trinkt eine Limonade.
   b) *Der Vater isst* eine Bratwurst mit Brötchen und trinkt ein Bier. Die Tochter isst einen Hamburger und trinkt eine Cola.
   c) Sie trinkt ein Glas Wein. Er trinkt auch ein Glas Wein.
   d) Die Frau isst ein Stück Kuchen / einen Kuchen und trinkt eine Tasse Tee / einen Tee.

3. **a)** *Er isst gern* Hamburger, Pizza, Pommes frites und Eis, *und er trinkt gern* Cola. *Aber er mag keinen Salat*, keinen Käse, kein Bier und keinen Wein.
   b) Sie isst gern Obst, Fisch und Marmeladebrot, und sie trinkt gern Wein. Aber sie mag kein Eis, keinen Kuchen, keine Wurst, keine Pommes frites und kein Bier.
   c) Er isst gern Fleisch, Wurst und Kartoffeln, und er trinkt gern Bier und Wein. Aber er mag keinen Fisch, keinen Reis und kein Wasser.

4. **a)** A, B, D   **b)** B, C, D   **c)** A, B, C   **d)** B, C, D   **e)** B, C, D   **f)** A, C, D

5. **a)** immer   **b)** meistens   **c)** oft   **d)** manchmal   **e)** *selten*   **f)** *nie*

6. **a)** *Sonja möchte Pommes frites und* einen Orangensaft.
   b) Michael möchte einen Hamburger, eine Cola und ein Eis.
   c) Frau Meinen möchte einen Kuchen / ein Stück Kuchen und einen Kaffee.
   d) Herr Meinen möchte eine Gemüsesuppe, einen Kartoffelsalat und ein Bier.

7. **a)** Suppe   **b)** Gemüse   **c)** Kaffee   **d)** Tasse   **e)** Gabel   **f)** Bier   **g)** Hauptgericht   **h)** Eis   **i)** immer   **j)** mittags

8. *Fleisch, kalt*: Wurst, Kalter Braten; *warm*: Bratwurst, Schweinebraten, Rindersteak, Hähnchen, Rindfleischsuppe; *kein Fleisch, kalt*: Eis, Salatteller, Apfelkuchen, Obst, Fischplatte, Schwarzbrot, Weißbrot, Früchtebecher; *warm*: Fischplatte, Gemüsesuppe, Zwiebelsuppe

9. **a)** Glas   **b)** essen   **c)** Kalb / Schwein   **d)** trinken   **e)** Ketchup   **f)** Fleisch   **g)** dein   **h)** abends   **i)** Gasthof / Restaurant   **j)** Hauptgericht

10. **b)** das Hauptgericht   **c)** das Schwarzbrot   **d)** die Bratwurst   **e)** der Apfelkuchen   **f)** der Schweinebraten   **g)** das Rindersteak   **h)** der Nachtisch   **i)** der Rotwein   **j)** der Kartoffelsalat   **k)** die Zwiebelsuppe

11. **Kellner:** e), g), j), m)   **Gast:** *a)*, b), c), f), l)   **Text:** d), h), i), k)

12. **a)**
    ● *Was bekommen Sie?*
    ■ Ein Rindersteak, bitte.
    ● Mit Reis oder Kartoffeln?
    ■ Mit Kartoffeln.
    ● Und was bekommen Sie?
    ▲ Gibt es eine Gemüsesuppe?
    ● Ja, die ist sehr gut.
    ▲ Dann bitte eine Gemüsesuppe und ein Glas Wein.
    ● Und was möchten Sie trinken?
    ■ Eine Flasche Mineralwasser.

    b)
    ■ *Bezahlen bitte!*
    ● Zusammen?
    ■ Nein, getrennt.
    ● Was bezahlen Sie?
    ■ Das Rindersteak und das Mineralwasser.
    ● Das macht 17 Euro 60. – Und Sie bezahlen den Wein und die Gemüsesuppe?
    ▲ Ja, richtig.
    ● Sechs Euro 90, bitte.

13. **b)** ... den Obstsalat? ... das Eis mit Sahne.   **c)** ... den Wein? ... das Bier.   **d)** ... das Eis? ... den Kuchen.   **e)** ... die Suppe? ... das Käsebrot.   **f)** ... den Fisch? ... das Kotelett .   **g)** ... den Kaffee? ... den Tee.   **h)** ... die Kartoffeln? ... den Reis.   **i)** den Hamburger? ... die Fischplatte.

14. **b)** ein · nicht · keinen   **c)** keinen   **d)** kein   **e)** ein · nicht   **f)** einen · keine   **g)** einen · keinen · ein   **h)** nicht

15. **a)** B, C   **b)** A, B   **c)** B   **d)** C   **e)** C   **f)** B, C   **g)** A, C   **h)** A, B

16.

	antworten	fahren	essen	nehmen	mögen
ich	antworte	*fahre*	esse	nehme	mag
du	antwortest	fährst	*isst*	nimmst	magst
Sie	antworten	fahren	essen	*nehmen*	mögen
er / sie / es	antwortet	fährt	isst	nimmt	*mag*
wir	antworten	fahren	essen	*nehmen*	mögen
ihr	antwortet	fahrt	*esst*	nehmt	mögt
Sie	antworten	*fahren*	essen	nehmen	mögen
sie	*antworten*	fahren	essen	nehmen	mögen

17. **a)** *nimmst* **b)** nehme / esse **c)** ist **d)** schmeckt / ist **e)** nimmst / isst **f)** nehme / esse **g)** magst / isst **h)** Nimm / Iss **i)** ist **j)** esse **k)** trinkst **l)** nehme / trinke **m)** nehme / trinke

18. A 3 B 9 (10) C 11 D 1 E 4 F 2 G 5 H 7 I 10 J 6 K 8

19. a)
- Guten Appetit!
- Danke.
- Wie schmeckt's?
- Danke, sehr gut. Wie heißt das?
- Pichelsteiner Eintopf. Das ist Schweinefleisch mit Kartoffeln und Gemüse.
- Der Eintopf schmeckt wirklich gut.
- Möchten Sie noch mehr?
- Ja, noch etwas Fleisch und Gemüse, bitte!

b)
- Guten Appetit.
- Danke. Ihnen auch.
- Schmeckt's?
- Ja, fantastisch. Wie heißt das?
- Strammer Max. Brot mit Schinken und Ei.
- Das schmeckt wirklich gut.
- Nehmen Sie doch noch einen.
- Danke. Ein Strammer Max ist genug.

20. **a)** *Er · er* **b)** Er **c)** Sie **d)** Es · es **e)** Sie · sie **f)** Es · es **g)** Sie **h)** Er

21. **a)** C **b)** B **c)** C **d)** A **e)** B **f)** A

22. **A:** a, f, g, h **B:** a, b, f, m **C:** f, o **D:** e, o, p **E:** c, e, i, j, k, n, o, p **F:** e, i, j, k, n, o, p **G:** a, f, g, h **H:** d, j, l

23. **a)** *achtundneunzig* **b)** 36 **c)** dreiundzwanzig **d)** hundertneunundvierzig **e)** siebenhundertsiebenundsiebzig **f)** neunhunderteinundfünfzig **g)** 382 **h)** fünfhundertfünfundsechzig **i)** zweihundertfünfzig **j)** fünfhundert

24.

	Vorfeld	Verb$_1$	Subj.	Angabe	Ergänzung	Verb$_2$
a)	Ich	*trinke*		*abends meistens*	*eine Tasse Tee.*	
b)	Abends	trinke	ich	meistens	Tee.	
c)	Tee	trinke	ich	nur abends.		
d)	Meine Kinder	möchten			Landwirte	werden.
e)	Markus	möchte		für Inge	ein Essen	kochen.
f)	Was	möchten	Sie?			
g)	Das Brot	ist			alt und hart.	
h)	Ich	bin		jetzt	satt.	

25. *waagerecht*: MARMELADE, KAFFEE, BOHNEN, SAFT, GABEL, WASSER, EI, HÄHNCHEN, SUPPE, KOTELETT, PILS, NACHTISCH, EXPORT, EIS, MEHL, WURST, RINDFLEISCH, ZUCKER, ALTBIER, WEISSBIER

senkrecht: STEAK, BROT, BUTTER, MILCH, *REIS*, *MESSER*, BIER, LÖFFEL, GEMÜSE, FISCH, APFEL, KUCHEN, KÄSE, NUDELN, WEIN, OBST, DOSE, KÖLSCH

Lektion 4

1. **a)** Bäcker   **b)** Bibliothek   **c)** Café   **d)** Schwimmbad   **e)** Kino   **f)** Friseur   **g)** Bank   **h)** Geschäft

2. **a)** *Musik hören*   **b)** tanzen   **c)** fernsehen   **d)** schlafen   **e)** aufstehen   **f)** Fleisch schneiden   **g)** ein Bier trinken / Bier trinken   **h)** Geld wechseln   **i)** ein Foto machen / Fotos machen   **j)** frühstücken   **k)** einen Spaziergang machen   **l)** schwimmen

3. **a)** Hier darf Eva nicht rauchen.   **b)** Hier darf Eva rauchen.   **c)** Eva möchte nicht rauchen.   **d)** Hier darf Eva kein Eis essen.   **e)** Eva kann hier ein Eis essen.   **f)** Eva muss hier warten.   **g)** Eva darf hier nicht fotografieren.   **h)** Eva möchte fotografieren.   **i)** Eva muss aufstehen.

4. **a)** schlafen   **b)** Arbeit   **c)** Maschine   **d)** zeichnen   **e)** essen   **f)** stören   **g)** Musik

5. **a)** schläft   **b)** liest   **c)** Siehst   **d)** Siehst · fern   **e)** spricht   **f)** Sprichst   **g)** fährt / fahren   **h)** Schläfst   **i)** fährt   **j)** Isst · nimmst

6.

	lesen	essen	schlafen	sprechen	sehen
ich	*lese*	esse	schlafe	spreche	sehe
du	liest	isst	schläfst	sprichst	siehst
er, sie, es, man	liest	isst	schläft	spricht	sieht
wir	lesen	essen	schlafen	sprechen	sehen
ihr	lest	esst	schlaft	sprecht	seht
sie, Sie	lesen	essen	schlafen	sprechen	sehen

7. **a)** *stehe · auf*   **b)** Hören · –   **c)** sehe · fern   **d)** kaufe · –   **e)** Machst · auf   **f)** Machst · –   **g)** Kaufst · ein   **h)** Hören · auf   **i)** hören · zu   **j)** Siehst · –   **k)** gibt · aus

8. **a)** darf · musst   **b)** möchten   **c)** dürfen / können · müsst · könnt / dürft   **d)** möchte · Darf · kannst   **e)** darf · musst

9. **A.**

	möchten	können	dürfen	müssen
ich	möchte	kann	darf	muss
du	möchtest	kannst	darfst	musst
er, sie, es, man	möchte	kann	darf	muss
wir	möchten	können	dürfen	müssen
ihr	möchtet	könnt	dürft	müsst
sie, Sie	möchten	können	dürfen	müssen

B.

	Vorfeld	Verb₁	Subj.	Angabe	Ergänzung	Verb₂
a)	*Nils*	*macht*			die Flasche	auf.
b)	Nils	möchte			die Flasche	aufmachen.
c)		Macht	Nils		die Flasche	auf?
d)		Möchte	Nils		die Flasche	aufmachen?
e)	Wer	macht			die Flasche	auf?
f)	Wer	möchte			die Flasche	aufmachen?

10. **A** 5   **B** 2   **C** 4   **D** 6   **E** 1   **F** 3   **G** 7

11. *einen Verband*, Musik, einen Spaziergang, eine Bestellung, einen Film, Betten, einen Kaffee, das Abendessen, einen Fehler, eine Reise, ein Kotelett, die Arbeit, Käse, eine Torte, Pause, Kartoffelsalat, das Frühstück

12. **b)** ● Jochen steht um sieben Uhr auf. Möchtest du auch um sieben Uhr aufstehen? ■ Nein, ich stehe lieber erst um halb acht auf.

c) ● Klaus und Bernd spielen Tennis. Möchtest du auch Tennis spielen? ■ Nein, ich spiele lieber Fußball.

d) ● Renate macht einen Spaziergang. Möchtest du auch einen Spaziergang machen? ■ Nein, ich sehe lieber fern.

e) ● Wir hören Radio. Möchtest du auch Radio hören? ■ Nein, ich mache lieber einen Spaziergang.

f) ● Müllers nehmen ein Sonnenbad. Möchtest du auch ein Sonnenbad nehmen? ■ Nein, ich räume lieber die Küche auf.

g) ● Maria sieht fern. Möchtest du auch fernsehen? ■ Nein, ich spiele lieber Klavier.

13. **a)** noch · schon · erst **b)** schon · noch **c)** erst **d)** noch · schon

14. **a)** Achtung **b)** Mannschaft **c)** Pause **d)** Frauen **e)** Film **f)** anfangen **g)** geöffnet

15. *Wann?:* um 20.00 Uhr, abends, heute, morgens, morgen, mittags, zwischen 5.00 und 6.00 Uhr, am Mittwoch, morgen um halb acht
Wie lange?: bis 1.00 Uhr, vier Tage, zwei Monate, zwei Jahre, bis Mittwoch, von 9.00 bis 17.00 Uhr, bis 3.00 Uhr

16. **b)** Der ICE 1501 fährt um acht Uhr neun in Frankfurt ab und ist um zwölf Uhr achtundvierzig in Dresden. **c)** Der ICE 1517 fährt um acht Uhr acht in Hamburg ab und ist um zehn Uhr vierzehn in Berlin. **d)** Der EC 175 fährt um elf Uhr acht in Hamburg ab und ist um dreizehn Uhr einunddreißig in Berlin. **e)** Der IC 2295 fährt um neun Uhr achtundfünfzig in Stuttgart ab und ist um zwölf Uhr achtzehn in München. **f)** Der ICE 513 fährt um zehn Uhr zwölf in Stuttgart ab und ist um zwölf Uhr fünfundzwanzig in München. **g)** Der RE 11609 fährt um neun Uhr drei in Lübeck ab und ist um zehn Uhr vierundfünfzig in Rostock. **h)** Der RE 33415 fährt um achtzehn Uhr drei in Lübeck ab und ist um neunzehn Uhr siebenundfünfzig in Rostock. **i)** Der EC 100 fährt um achtzehn Uhr sechsundfünfzig in Münster ab und ist um zwanzig Uhr elf in Bremen. **j)** Der EC 6 fährt um zwanzig Uhr sechsundfünfzig in Münster ab und ist um zweiundzwanzig Uhr fünfzehn in Bremen. **k)** Der RE 11526 fährt um siebzehn Uhr einundvierzig in Kiel ab und ist um achtzehn Uhr zweiundfünfzig in Flensburg. **l)** Der RE 11532 fährt um zwanzig Uhr einundvierzig in Kiel ab und ist um einundzwanzig Uhr zweiundfünfzig in Flensburg.

17. **a)** Komm, wir müssen gehen! Die Gymnastik fängt um Viertel vor acht an. · Wir haben noch Zeit. Es ist erst fünf nach sieben.

b) … Der Vortrag fängt um halb neun an. · … erst zehn vor acht.

c) … Der Fotokurs fängt um elf Uhr an. · … erst fünf vor halb elf.

d) … Das Tennisspiel fängt um viertel nach vier an. · … erst fünf nach halb vier.

e) … Die Tanzveranstaltung fängt um halb zehn an. · … erst viertel vor neun.

f) … Die Diskothek fängt um elf Uhr an. · … erst zwanzig nach zehn.

18. **ja:** Na klar!, In Ordnung!, Gern!, Na gut!, Die Idee ist gut!, Gut!
nicht ja und nicht nein: Vielleicht!, Ich weiß noch nicht!, Kann sein!
nein: Ich habe keine Lust!, Tut mir leid, das geht nicht!, Leider nicht!, Ich kann nicht!, Ich habe keine Zeit!, Ich mag nicht!

19. **a)** Wann? **b)** Wie viele (Tassen)? **c)** Wie oft? **d)** Wie viel? **e)** Wie lange? **f)** Wie spät? **g)** Wie lange? **h)** Wann? **i)** Wie lange? / Wann? **j)** Wie oft? **k)** Wie viele?

20. ● *Sag mal*, Hans, hast du heute Nachmittag Zeit?
■ Warum fragst du?
● Ich möchte gern schwimmen gehen. Kommst du mit?
■ Tut mir leid, ich muss heute arbeiten.
● Schade. Und morgen Nachmittag?
■ Ja, gern. Da kann ich.

21. **a)** Morgen Abend **b)** morgens **c)** Morgen Nachmittag **d)** nachmittags, abends **e)** abends **f)** Morgen früh **g)** Mittags **h)** Morgen Mittag

22. „da" = **Ort:** Sätze a), c), d); „da" = **Zeitpunkt:** Sätze b), e), f)

23. **a)** muss **b)** kann · muss **c)** kann · kann **d)** muss **e)** muss · kann **f)** kann · muss **g)** kann

24. **a)** Sonntag **b)** Situation **c)** hören **d)** abfahren **e)** heute **f)** groß **g)** wo?

25. **kann (1):** b), d) **kann (2):** a), c), f) **darf:** e)

26. A. b) *Um halb zwölf spielt sie* Tischtennis. – *Ich gehe* morgens spazieren.   **c)** Um halb eins schwimmt sie. – Man kann hier nicht schwimmen.   **d)** Um 13 Uhr isst sie (sehr viel). – Ich esse hier fast nichts, denn das Essen schmeckt nicht gut.   **e)** Um 14 Uhr trifft sie Männer (und flirtet). – Man trifft keine Leute.   **f)** Um 17 Uhr ist sie im Kino. / … sieht sie einen Film. – Es gibt auch kein Kino.   **g)** Um 23 Uhr tanzt sie. – Abends sehe ich meistens fern.   **h)** Um ein Uhr (nachts) trinkt sie Sekt. – Ich gehe schon um neun Uhr schlafen.

B. Individuelle Lösung.

Lektion 5

1. b) wohnen + das Zimmer   **c)** schreiben + der Tisch   **d)** waschen + die Maschine   **e)** fernsehen + der Apparat   **f)** das Waschbecken   **g)** die Bratwurst   **h)** die Steckdose   **i)** der Kleiderschrank   **j)** der Fußball   **k)** die Hausfrau   **l)** die Taschenlampe   **m)** der Taschenrechner

2. b) Das Waschmittel ist nicht für die Waschmaschine, sondern für den Geschirrspüler.   **c)** Der Spiegel ist nicht für das Bad, sondern für die Garderobe.   **d)** Das Radio ist nicht für das Wohnzimmer, sondern für die Küche.   **e)** Die Stühle sind nicht für die Küche, sondern für den Balkon.   **f)** Der Topf ist nicht für die Mikrowelle, sondern für den Elektroherd.   **g)** Die Batterien sind nicht für die Taschenlampe, sondern für das Radio.

3. a) Teppich   **b)** Spiegel   **c)** Fenster   **d)** Lampe   **e)** zufrieden   **f)** fernsehen

4. a) ● *Gibt es hier eine Post?*
■ *Nein, hier* gibt es keine.
● *Wo* gibt es denn eine?
■ *Das weiß* ich nicht.

b) ● *Gibt* es hier eine Bibliothek?
■ *Nein*, hier gibt es keine.
● *Wo* gibt es denn eine?
■ *Das* weiß ich nicht.

c) ● Gibt es hier ein Café?
■ Nein, hier gibt es keins.
● Wo gibt es denn eins?
■ Das weiß ich nicht.

d) ● Gibt es hier ein Telefon?
■ Nein, hier gibt es keins.
● Wo gibt es denn eins?
■ Das weiß ich nicht.

e) ● Gibt es hier einen Automechaniker?
■ Nein, hier gibt es keinen.
● Wo gibt es denn einen?
■ Das weiß ich nicht.

f) ● Gibt es hier eine Bäckerei?
■ Nein, hier gibt es keine.
● Wo gibt es denn eine?
■ Das weiß ich nicht.

g) ● Gibt es hier einen Gasthof?
■ Nein, hier gibt es keinen.
● Wo gibt es denn einen?
■ Das weiß ich nicht.

h) ● Gibt es hier einen Supermarkt?
■ Nein, hier gibt es keinen.
● Wo gibt es denn einen?
■ Das weiß ich nicht.

5. a) ● *Ich brauche noch Äpfel. Haben* wir noch welche?   ■ *Nein*, es sind keine mehr da.
b) ● *Ich möchte noch Soße. Haben* wir noch welche?   ■ *Nein*, es ist keine mehr da.
c) ● Ich brauche noch Zitronen. Haben wir noch welche?   ■ Nein, es sind keine mehr da.
d) ● Ich möchte noch Eis. Haben wir noch welches?   ■ Nein, es ist keins mehr da.
e) ● Ich möchte noch Saft. Haben wir noch welchen?   ■ Nein, es ist keiner mehr da.
f) ● Ich brauche (möchte) noch Tomaten. Haben wir noch welche?   ■ Nein, es sind keine mehr da.
g) ● Ich möchte (brauche) noch Kartoffeln. Haben wir noch welche?   ■ Nein, es sind keine mehr da.
h) ● Ich möchte noch Gemüse. Haben wir noch welches?   ■ Nein, es ist keins mehr da.
i) ● Ich möchte noch Fleisch. Haben wir noch welches?   ■ Nein, es ist keins mehr da.
j) ● Ich möchte noch Tee. Haben wir noch welchen?   ■ Nein, es ist keiner mehr da.
k) ● Ich möchte noch Marmelade. Haben wir noch welche?   ■ Nein, es ist keine mehr da.
l) ● Ich möchte noch Früchte. Haben wir noch welche?   ■ Nein, es sind keine mehr da.
m) ● Ich brauche noch Gewürze. Haben wir noch welche?   ■ Nein, es sind keine mehr da.
n) ● Ich brauche noch Öl. Haben wir noch welches?   ■ Nein, es ist keins mehr da.
o) ● Ich möchte noch Salat. Haben wir noch welchen?   ■ Nein, es ist keiner mehr da.
p) ● Ich möchte noch Suppe. Haben wir noch welche?   ■ Nein, es ist keine mehr da.
q) ● Ich möchte noch Obst. Haben wir noch welches?   ■ Nein, es ist keins mehr da.

6. a) Eine · eine   **b)** Eine · keine   **c)** – · keine   **d)** – · welches   **e)** Ein · eins   **f)** – · welchen   **g)** – · welche   **h)** Ein · keins

7.

ein Herd:	*einer*	einen		ein Bett.	*eins*	eins
kein Herd:	*keiner*	keinen		kein Bett:	keins	keins
Wein:	*welcher*	welchen		Öl:	welches	*welches*
eine Lampe:	eine	eine		Eier:	welche	welche
keine Lampe:	keine	*keine*		keine Eier:	keine	keine
Butter:	welche	welche				

8. a) ● *Sind die Sessel neu?*
   ■ *Nein, die* sind alt.
   ● Und die Stühle?
   ■ Die sind neu.
   b) ● Ist das Regal neu?
   ■ Nein, das ist alt.
   ● Und der Schrank?
   ■ Der ist neu.
   c) ● Ist die Waschmaschine neu?
   ■ Nein, die ist alt.
   ● Und der Kühlschrank?
   ■ Der ist neu.
   d) ● Ist der Schreibtisch neu?
   ■ Nein, der ist alt.

   ● Und der Stuhl?
   ■ Der ist neu.
   e) ● Ist die Garderobe neu?
   ■ Nein, die ist alt.
   ● Und der Spiegel?
   ■ Der ist neu.
   f) ● Ist die Kommode neu?
   ■ Nein, die ist alt.
   ● Und die Regale?
   ■ Die sind neu.
   g) ● Ist das Bett neu?
   ■ Nein, das ist alt.
   ● Und die Lampen?
   ■ Die sind neu.

9. a) *Das* b) Den c) Das d) Die e) Die f) Das g) Die h) Die i) Das j) Den k) Den l) Das m) Die

10. a) *der*, die, das, die
    b) den, die, das, die

11. ● *Du, ich habe jetzt eine Wohnung.*
    ■ *Toll! Wie* ist sie denn?
    ● Sehr schön. Ziemlich groß und nicht zu teuer.
    ■ Und wie viele Zimmer hat sie?
    ● Zwei Zimmer, eine Küche und ein Bad.
    ■ Hast du auch schon Möbel?
    ● Ja, ich habe schon viele Sachen.
    ■ Ich habe noch einen Küchentisch. Den kannst du haben.
    ● Fantastisch! Den nehme ich gern.

12.
                                                    (Rottweil), den … 19 ….

    Liebe(r)…,

    ich habe jetzt eine Wohnung in Rottweil. *Sie hat* drei Zimmer, eine Küche und ein Bad. *Sie ist* hell und schön, aber
    klein und ziemlich teuer. *Ich habe schon* einen Herd, *aber ich brauche noch* einen Schrank für die Garderobe.
    Hast du einen? Oder hast du vielleicht eine Lampe? Schreib bitte bald!

    Viele liebe Grüße …

    (Andere Lösungen sind möglich.)

13. a) *Adresse* b) Wohnung (Haus) c) Haus d) Zeit e) Familie

14. a) bauen b) kontrollieren c) suchen d) verdienen e) anrufen f) werden

15. b) Eigentlich möchte Veronika / Veronika möchte eigentlich einen Freund anrufen, aber ihr Telefon ist kaputt.
    c) Eigentlich möchte Veronika / Veronika möchte eigentlich ein Haus kaufen, aber sie findet keins. d) Eigentlich
    möchte Veronika / Veronika möchte eigentlich nicht einkaufen gehen, aber ihr Kühlschrank ist leer. e) Eigentlich
    möchte Veronika / Veronika möchte eigentlich nicht umziehen, aber ihre Wohnung ist zu klein.

16. a) unter b) etwas (über, unter) c) von · bis d) Unter e) zwischen f) etwa g) Über

17.

Vorfeld	Verb$_1$	Subj.	Angabe	Ergänzung	Verb$_2$
a) *Sie*	*möchten*		gern		bauen.
b) Sie	möchten		gern	ein Haus	bauen.
c) Sie	möchten		gern in Frankfurt	ein Haus	bauen.
d) In Frankfurt	möchten	sie	gern	ein Haus	bauen.
e) Eigentlich	möchten	sie	gern in Frankfurt	ein Haus	bauen.
f) Warum	bauen	sie	nicht in Frankfurt	ein Haus?	

18. a) A, C **b)** B, C **c)** A, B **d)** B **e)** A, B **f)** A, C **g)** A **h)** A

19. A. *Familie Höpke* wohnt in *Steinheim. Ihre Wohnung* hat *nur drei Zimmer. Das ist zu* wenig, *denn die* Kinder *möchten beide ein* Zimmer. *Die Wohnung ist nicht* schlecht *und auch* nicht (sehr) *teuer. Aber Herr Höpke* arbeitet *in Frankfurt. Er muss morgens und* abends *immer über eine* Stunde *fahren. Herr Höpke* möchte *in Frankfurt wohnen, aber dort* sind *die* Wohnungen *zu teuer. So viel Geld kann er für die Miete nicht* bezahlen. *Aber Höpkes* suchen *weiter. Vielleicht haben sie ja Glück.*

B. Individuelle Lösung.

20. 1 das Dach **2** der erste Stock **3** das Erdgeschoss **4** der Keller **5** die Garage **6** der Garten **7** die Terrasse **8** der Balkon **9** der Hof **10** die Wand **11** der Aufzug **12** die Heizung **13** das Fenster

21. a) haben **b)** machen **c)** machen **d)** haben **e)** haben **f)** haben / machen **g)** haben / machen **h)** haben

22. a) *Erlaubnis* **b)** Dach **c)** Minuten **d)** Hochhaus · Appartement **e)** Hof **f)** Streit **g)** Vermieter **h)** Nachbarn **i)** Wände **j)** Platz **k)** Komfort **l)** Miete **m)** Krach · Lärm

23. a) in der · auf der **b)** in seinem · am **c)** in der · auf seinem **d)** in der · in ihrem · auf ihrer **e)** auf dem · am **f)** in einem **g)** auf dem **h)** am

24. a) C **b)** C **c)** A **d)** A **e)** B **f)** B **g)** C **h)** B **i)** B **j)** A

25. ● *Sie* können *doch jetzt nicht mehr feiern!*
■ *Und warum nicht? Ich* muss *morgen nicht arbeiten und* kann *lange schlafen.*
● *Aber es ist 22 Uhr. Wir* möchten *schlafen, wir* müssen *um sechs Uhr aufstehen.*
■ *Und wann* darf / kann *ich dann feiern? Vielleicht mittags um zwölf? Da hat doch niemand Zeit, da* kann *doch niemand kommen.*
● *Das ist Ihr Problem. Jetzt* müssen *Sie leise sein, sonst holen wir die Polizei.*

26. A 8 **B** 4 **C** 7 **D** 6 **E** 1 (8) **F** 2 **G** 5 **H** 3

27. a) Natur **b)** Industrie **c)** Urlaub **d)** Hotel

28. A. *Hotel laut, nicht* sauber, *kein Komfort. Zimmer* hässlich und teuer, *Essen nicht so gut. Diskothek und* Hallenbad geschlossen. Nur spazieren gehen: nicht schön, ziemlich viele Autos, keine Erholung

B. *Liebe Margret,*

viele Grüße von der Insel Rügen. Ich bin jetzt schon zwei Wochen hier, *und der Urlaub ist fantastisch. Das Hotel* ist ruhig und sauber, und wir haben viel Komfort. Die Zimmer sind schön und nicht sehr teuer, und das Essen schmeckt wirklich herrlich. Das Hallenbad ist immer geöffnet und die Diskothek jeden Abend.

Ich kann hier auch spazieren gehen, und das ist sehr schön, denn hier fahren nur wenige Autos, und die stören nicht.

Am Dienstag bin ich wieder zu Hause.

Viele Grüße, Hanne

(Andere Lösungen sind möglich.)

Lektion 6

1. **a)** Bein   **b)** Zahn   **c)** Fuß   **d)** Ohr   **e)** Bauch   **f)** Hand

2. **1:** seine Nase   **2:** sein Bauch   **3:** ihr *Arm*   **4:** ihr Gesicht   **5:** ihr Auge   **6:** sein Ohr   **7:** sein Kopf   **8:** ihr Fuß
   9: sein Bein   **10:** ihr Bein   **11:** ihr Hals   **12:** ihr Mund   **13:** ihre Nase   **14:** sein Rücken   **15:** sein Auge
   16: ihre Hand

3. **a)** die, Hände   **b)** der, Arme   **c)** die, Nasen   **d)** der, Finger   **e)** das, Gesichter   **f)** der, Füße   **g)** das, Augen
   h) der, Rücken   **i)** das, Beine   **j)** das, Ohren   **k)** der, Köpfe   **l)** der, Zähne

4. **a)** haben   **b)** verstehen   **c)** nehmen (brauchen)   **d)** beantworten (verstehen)   **e)** sein   **f)** brauchen

5. **b)** Herr Kleimeyer ist nervös Er darf nicht rauchen. Er muss Gymnastik machen. Er muss viel spazieren gehen.
   c) Herr Kleimeyer hat Kopfschmerzen. Er darf nicht viel rauchen. Er muss spazieren gehen. Er darf keinen Alkohol
   trinken.   **d)** Herr Kleimeyer hat Magenschmerzen. Er muss Tee trinken. Er darf keinen Wein trinken. Er darf nicht
   fett essen.   **e)** Herr Kleimeyer ist zu dick. Er muss viel Sport treiben. Er darf keine Schokolade essen. Er muss eine
   Diät machen.   **f)** Herr Kleimeyer kann nicht schlafen. Er muss abends schwimmen gehen. Er darf abends nicht
   viel essen. Er darf keinen Kaffee trinken.   **g)** Herr Kleimeyer hat ein Magengeschwür. Er darf nicht viel arbeiten.
   Er muss den Arzt fragen. Er muss vorsichtig leben.

6. **a)** muss · soll/darf · will/muss · möchte · darf
   b) soll · möchte/will · soll · kann · soll · muss
   c) kann · soll · muss
   d) will · will · soll · möchte/will

7. **b)** müssen · ich soll viel Obst essen.   **c)** dürfen · ich soll nicht Fußball spielen.   **d)** müssen · ich soll Tabletten
   nehmen.   **e)** dürfen · ich soll keinen Kuchen essen.   **f)** dürfen · ich soll nicht so viel rauchen.   **g)** müssen · ich
   soll oft schwimmen gehen   **h)** dürfen · ich soll keinen Wein trinken.   **i)** dürfen · ich soll nicht fett essen.

8. **b)** Besuch doch eine Freundin!
   c) Lade doch Freunde ein!
   d) Geh doch spazieren!
   e) Lies doch etwas!
   f) Schlaf doch noch eine Stunde!
   g) Räum doch das Kinderzimmer auf!
   h) Schreib doch einen Brief!
   i) Geh doch einkaufen!
   j) Spül doch das Geschirr!
   k) Bereite doch das Abendessen vor!
   l) Sieh doch fern!
   m) Sei doch endlich zufrieden!

9. **a)** neu   **b)** ungefährlich   **c)** unglücklich   **d)** unbequem   **e)** schlecht   **f)** unmodern   **g)** unvorsichtig
   h) unzufrieden   **i)** schwer   **j)** kalt   **k)** ruhig   **l)** sauer   **m)** unehrlich   **n)** krank   **o)** dick   **p)** gleich
   q) hässlich   **r)** ungünstig   **s)** unwichtig   **t)** leise   **u)** klein   **v)** hell   **w)** geschlossen   **x)** zusammen

10. **a)** *Um halb neun ist* sie aufgestanden.   **b)** *Dann* hat sie gefrühstückt.   **c)** *Danach* hat sie ein Buch gelesen.
    d) *Sie hat* Tennis gespielt   **e)** *und* Radio gehört.   **f)** *Um ein Uhr* hat sie zu Mittag gegessen.   **g)** *Von drei bis vier
    Uhr* hat sie geschlafen.   **h)** *Dann* ist sie schwimmen gegangen. / … hat / ist sie geschwommen.   **i)** *Um fünf Uhr*
    hat sie Kaffee getrunken.   **j)** *Danach* hat sie ferngesehen.   **k)** *Um sechs Uhr* hat sie zu Abend gegessen.
    l) *Abends* hat sie getanzt.

11. *anfangen*, anrufen, antworten, arbeiten, aufhören, aufmachen, aufräumen, aufstehen, ausgeben, aussehen
    baden, bauen, beantworten, bedeuten, bekommen, beschreiben, bestellen, besuchen, bezahlen, bleiben, brauchen,
    bringen
    diskutieren, duschen
    einkaufen, einladen, einschlafen, entscheiden, erzählen, essen
    fahren, feiern, fernsehen, finden, fotografieren, fragen, frühstücken, funktionieren
    geben, gehen, glauben, gucken
    haben, heißen, helfen, herstellen, holen, hören
    informieren
    kaufen, kennen, klingeln, kochen, kommen, kontrollieren, korrigieren, kosten
    leben, leihen, lernen, lesen, liegen
    machen, meinen, messen, mitbringen

nehmen
passen, passieren
rauchen
sagen, schauen, schlafen, schmecken, schneiden, schreiben, schwimmen, sehen, sein, spielen, sprechen, spülen,
stattfinden, stehen, stimmen, stören, studieren, suchen
tanzen, telefonieren, treffen, trinken, tun
umziehen
verbieten, verdienen, vergessen, vergleichen, verkaufen, verstehen, vorbereiten, vorhaben
warten, waschen, weitersuchen, wissen, wohnen
zeichnen, zuhören

12. Individuelle Lösung.

13. **a)** C **b)** B **c)** B **d)** D **e)** C **f)** C **g)** A **h)** D

14. **a)** unbedingt **b)** plötzlich **c)** bloß / nur **d)** bloß / nur **e)** zu viel · höchstens **f)** Wie oft · häufig **g)** bestimmt
    h) ein bisschen **i)** unbedingt **j)** höchstens / bloß / nur **k)** wirklich

15. **b)** Hört doch Musik!
    c) Besucht doch Freunde!
    d) Ladet doch Freunde ein!
    e) Spielt doch Fußball!
    f) Geht doch einkaufen!
    g) Arbeitet doch für die Schule!
    h) Seht doch fern!
    i) Räumt doch ein bisschen auf!
    j) Lest doch ein Buch!
    k) Geht doch spazieren!
    l) Macht doch Musik!
    m) Seid doch endlich zufrieden!

16.

	du	ihr	Sie
kommen	komm	*kommt*	kommen Sie
geben	gib	gebt	geben Sie
essen	*iss*	esst	essen Sie
lesen	lies	lest	lesen Sie
nehmen	nimm	nehmt	nehmen Sie
sprechen	sprich	sprecht	*sprechen Sie*
vergessen	vergiss	vergesst	vergessen Sie
einkaufen	kauf … ein	kauft … ein	kaufen Sie … ein
(ruhig) sein	sei	seid	seien Sie

17.

	Vorfeld	Verb$_1$	Subj.	Angabe	Ergänzung	Verb$_2$
a)		Nehmen	Sie	abends	ein Bad!	
b)	Ich	soll		abends	ein Bad	nehmen.
c)	Sibylle	hat		abends	ein Bad	genommen.
d)		Trink		nicht	so viel Kaffee!	

18. Individuelle Lösung.

Lektion 7

1. **a)** schreiben **b)** trinken **c)** waschen **d)** machen **e)** kochen **f)** lernen **g)** fahren **h)** gehen **i)** treffen **j)** einkaufen

2. **a)** *Am Morgen hat sie lange geschlafen und dann* geduscht. *Am Mittag hat sie* das Essen gekocht. *Am Nachmittag* hat sie Briefe geschrieben und Radio gehört. *Am* Abend hat sie das Abendessen gemacht und die Kinder ins Bett gebracht.
   b) Am Morgen hat er mit den Kindern gefrühstückt. Dann hat er das Auto gewaschen. Am Mittag hat er das Geschirr gespült. Am Nachmittag hat er im Garten gearbeitet und mit dem Nachbarn gesprochen. Am Abend hat er einen Film im Fernsehen gesehen. Um halb elf ist er ins Bett gegangen.
   c) Am Morgen haben sie im Kinderzimmer gespielt und Bilder gemalt. Am Mittag um halb eins haben sie gegessen. Am Nachmittag haben sie Freunde getroffen. Dann sind sie zu Oma und Opa gefahren. Am Abend haben sie gebadet. Dann haben sie im Bett gelesen.

3. **a)** *hat gehört,* gebadet, gearbeitet, gebaut, geduscht, gefeiert, gefragt, gefrühstückt, geheiratet, geholt, gekauft, gekocht, gelebt, gelernt, gemacht, gepackt, geraucht, geschmeckt, gespült, gespielt, getanzt, gewartet, geweint, gewohnt
   b) *hat getroffen,* gesehen, gestanden, getrunken, gefunden, gegeben, gelesen, gemessen, geschlafen, geschrieben, gewaschen, geschwommen
   ist geschwommen, geblieben, gegangen, (gestanden), gefahren, gekommen, gewesen, gefallen

4. **a)** 7.30: *gekommen,* 7.32: gekauft, 7.34–7.50: gewartet · gelesen, 7.50: gefahren, 8.05: geparkt, 8.10: gegangen · getrunken, 8.20: gesprochen, bis 9.02: gewesen, bis 9.30: spazieren gegangen, 9.30: eingekauft, 9.40: gebracht, 9.45: angerufen
   b) *Um 7.30 Uhr ist Herr A. aus dem Haus gekommen. Er* hat an einem Kiosk eine Zeitung gekauft. *Dann* hat er im Auto gewartet und Zeitung gelesen. *Um 7.50 Uhr* ist A. zum City-Parkplatz gefahren. Dort hat er um 8.05 Uhr geparkt. Um 8.10 Uhr ist er in ein Café gegangen und hat einen Kaffee getrunken. Um 8.20 Uhr hat er mit einer Frau gesprochen. Er ist bis 9.02 Uhr im Café gewesen. Bis 9.30 Uhr ist er dann im Stadtpark spazieren gegangen. Dann hat er im HL-Supermarkt Lebensmittel eingekauft. Um 9.40 Uhr hat er die Lebensmittel zum Auto gebracht. Um 9.45 Uhr hat A. in einer Telefonzelle jemanden angerufen.

5. **a)** -ge—(e)t *zugehört,* mitgebracht, aufgemacht, aufgeräumt, hergestellt, kennengelernt, weitergesucht
   ge—t *gehört,* geglaubt, geantwortet, geklingelt, gesucht, gewusst
   —(e)t *verkauft,* überlegt, vorbereitet
   b) -ge—en (hat ...) *ferngesehen,* angerufen, stattgefunden
   (ist ...) *aufgestanden,* spazieren gegangen, umgezogen, eingeschlafen, weggefahren
   ge—en (hat ...) *gesehen,* geliehen, gefallen
   (ist ...) *geblieben,* gekommen, gefallen

6. **a)** hatte **b)** wart – waren · hatten **c)** hatte – war **d)** hatten · waren **e)** Hattet **f)** Hattest · warst – hatte · war **g)** Hatten – war

7. *sein:* war, warst, war, waren, wart, waren
   haben: hatte, hattest, hatte, hatten, hattet, hatten

8. **a)** wegfahren **b)** Pech **c)** Chef **d)** mitnehmen **e)** Sache **f)** auch **g)** gewinnen **h)** grüßen **i)** verabredet sein **j)** fallen

9. **a)** fotografiert **b)** bestellt **c)** verkauft **d)** bekommen **e)** besucht · operiert **f)** gesagt · verstanden **g)** bezahlt · vergessen **h)** erzählt

10. **a)** Tu den Pullover bitte in die Kommode! **b)** Tu die Bücher bitte ins Regal! **c)** Bring das Geschirr bitte in die Küche! **d)** Bring den Fußball bitte ins Kinderzimmer! **e)** Tu das Geschirr bitte in die Spülmaschine! **f)** Bring die Flaschen bitte in den Keller! **g)** Tu den Film bitte in die Kamera! **h)** Tu das Papier bitte in/auf den Schreibtisch! **i)** Tu die Butter bitte in den Kühlschrank! **j)** Tu die Wäsche bitte in die Waschmaschine! **k)** Bring das Kissen bitte ins Wohnzimmer!

11. **a)** *Im Schrank.* **b)** Im Garten. **c)** In der Kommode. **d)** Im Regal. **e)** Im Schreibtisch. **f)** Im Flur. **g)** Im Keller.

12. **a)** in der · im · im **b)** in der · im · im **c)** in die · ins · in die **d)** im · im · in der **e)** in der · im · im **f)** in der · im · im **g)** in die · in die · ins **h)** in der · im · im **i)** ins · in den · in die **j)** in den · in die · ins

13. **a)** putzen **b)** ausmachen (ausschalten) **c)** Schuhe / Strümpfe **d)** Schule **e)** gießen **f)** vermieten/mieten **g)** wecken **h)** anstellen / anmachen / einschalten **i)** Telefon **j)** schlecht

14. a) ihn **b)** ihn **c)** sie **d)** sie **e)** es **f)** sie **g)** sie · sie

15. b) Vergiss bitte die Küche nicht! Du musst sie jeden Abend aufräumen.
  c) Vergiss bitte den Hund nicht! Du musst ihn jeden Morgen füttern.
  d) Vergiss bitte die Blumen nicht! Du musst sie jede Woche gießen.
  e) Vergiss bitte den Brief von Frau Berger nicht! Du musst ihn unbedingt beantworten.
  f) Vergiss bitte das Geschirr nicht! Du musst es jeden Abend spülen.
  g) Vergiss bitte die Hausaufgaben nicht! Du musst sie unbedingt kontrollieren.
  h) Vergiss bitte meinen Pullover nicht! Du musst ihn heute noch waschen.
  i) Vergiss bitte meine Krankenversicherungskarte nicht! Du musst sie zu Dr. Simon bringen.
  j) Vergiss bitte den Fernsehapparat nicht! Du musst ihn abends abstellen.

16. ● Hast · gewaschen ■ habe · gepackt – Hast · geholt ● habe · gekauft – aufgeräumt – hast · gemacht
  ■ habe · gebracht – bin · gegangen – habe · gekauft – Hast · gesprochen ● habe · hingebracht – Hast · geholt
  ■ habe · vergessen

17. a) aufwachen **b)** weg sein **c)** sitzen **d)** zurückkommen **e)** rufen **f)** parken **g)** anstellen **h)** abholen
  i) weggehen **j)** aufhören **k)** weiterfahren **l)** suchen **m)** aussteigen

18. a) 1. jetzt 2. sofort 3. gleich 4. bald 5. später
  b) 1. gegen elf Uhr 2. um elf Uhr 3. nach elf Uhr
  c) 1. gestern früh 2. gestern Abend 3. heute Morgen 4. heute Mittag 5. morgen früh 6. morgen Nachmittag
  7. morgen Abend
  d) 1. zuerst 2. dann 3. danach 4. später
  e) 1. immer 2. oft 3. manchmal 4. nie
  f) 1. alles 2. viel 3. etwas 4. ein bisschen

19. a) noch nicht · erst **b)** nicht mehr **c)** erst **d)** noch **e)** schon **f)** noch **g)** erst · schon (schon · noch nicht)
  h) nicht mehr **i)** nicht mehr

20. a) Herzliche Grüße, Hallo Bernd, Lieber Christian, Liebe Grüße, Sehr geehrte Frau Wenzel, Lieber Herr Heick
  b) Hallo Bernd, Guten Tag, Auf Wiedersehen, Guten Abend, Guten Morgen, Tschüs

Lektion 8

1. b) *Paul repariert die* Dusche nicht selbst. *Er lässt* die Dusche reparieren.
  c) Paul fährt das Auto nicht selbst in die Garage. Er lässt das Auto in die Garage fahren.
  d) Ich mache den Kaffee nicht selbst. Ich lasse den Kaffee machen.
  e) Er beantwortet den Brief nicht selbst. Er lässt den Brief beantworten.
  f) Ihr holt den Koffer nicht selbst am Bahnhof ab. Ihr lasst den Koffer am Bahnhof abholen.
  g) Sie waschen / wäscht die Wäsche nicht selbst. Sie lassen / lässt die Wäsche waschen.
  h) Ich mache die Hausarbeiten nicht selbst. Ich lasse die Hausarbeiten machen.
  i) Paula putzt die Wohnung nicht selbst. Sie lässt die Wohnung putzen.
  j) Du räumst den Schreibtisch nicht selbst auf. Du lässt den Schreibtisch aufräumen.
  k) Ich bestelle das Essen und die Getränke nicht selbst. Ich lasse das Essen und die Getränke bestellen.
  l) Paul und Paula machen das Frühstück nicht selbst. Sie lassen das Frühstück machen.

2. b) in die VW-Werkstatt **c)** in die Sprachschule Berger **d)** auf die Post **e)** auf den Bahnhof **f)** ins Ufa-Kino
  g) in die Tourist-Information **h)** ins Parkcafé **i)** ins Schwimmbad **j)** in die Metzgerei Koch / in den Supermarkt
  König **k)** in den Supermarkt König **l)** in die Bibliothek

3. b) *Um neun Uhr war er* auf der Bank. **c)** Um halb zehn war er auf dem Bahnhof. **d)** Um zehn Uhr war er in der
  Bibliothek. **e)** Um halb elf war er im Supermarkt. **f)** Um elf Uhr war er in der Reinigung. **g)** Um halb zwölf war
  er in der Apotheke. **h)** Um zwölf Uhr war er in der Metzgerei. **i)** Um halb drei war er im Reisebüro. **j)** Um drei
  Uhr war er auf der Post. **k)** Um vier Uhr war er in der Telefonzelle. **l)** Um halb fünf war er wieder zu Hause.

4. b) *Um neun Uhr war er* auf der Bank. **c)** Um halb zehn war er auf dem Bahnhof. **d)** Um zehn Uhr war er in der
  Bibliothek. **e)** Um halb elf war er im Supermarkt. **f)** Um elf Uhr war er in der Reinigung. **g)** Um halb zwölf war
  er in der Apotheke. **h)** Um zwölf Uhr war er in der Metzgerei. **i)** Um halb drei war er im Reisebüro. **j)** Um drei
  Uhr war er auf der Post. **k)** Um vier Uhr war er in der Telefonzelle. **l)** Um halb fünf war er wieder zu Hause.

5. c) ● Wo kann man hier Kuchen essen? ■ Im Markt-Café. Das ist am Marktplatz.
   d) ● Wo kann man hier Gemüse kaufen? ■ Im Supermarkt König. Der ist in der Obernstraße.
   e) ● Wo kann man hier parken? ■ Auf dem City-Parkplatz. Der ist in der Schlossstraße.
   f) ● Wo kann man hier übernachten? ■ Im Bahnhofshotel. Das ist in der Bahnhofstraße.
   g) ● Wo kann man hier essen? ■ Im Schloss-Restaurant. Das ist an der Wapel.
   h) ● Wo kann man hier einen Tee trinken? ■ Im Parkcafé. Das ist am Parksee.
   i) ● Wo kann man hier schwimmen? ■ Im Schwimmbad. Das ist an der Bahnhofstraße.
   j) ● Wo kann man hier Bücher leihen? ■ In der Bücherei. Die ist in der Kantstraße.

6. c) An der Volksbank rechts bis zur Telefonzelle.   **d)** Am Restaurant links bis zum Maxplatz.   **e)** An der Diskothek links bis zu den Parkplätzen.   **f)** Am Stadtcafé rechts bis zur Haltestelle.   **g)** An der Buchhandlung links bis zum Rathaus.   **h)** An der Telefonzelle rechts in die Berner Straße.   **i)** Am Fotostudio rechts in den Lindenweg.   **j)** Am Stadtpark geradeaus bis zu den Spielwiesen.

7. c) Neben dem · ein   **d)** Das · neben einem   **e)** Das · an der   **f)** Zwischen der · dem · ein · das   **g)** Neben dem · das   **h)** Die · in der · neben dem   **i)** Das · am   **j)** Der · zwischen dem · einem/dem

8. a) *Zuerst hier geradeaus bis zum* St-Anna-Platz. *Dort an der* St.-Anna-Kirche *vorbei in die* Mannstraße. *Dort ist dann rechts die* Volkshochschule.
   b) *Zuerst hier geradeaus bis zur* Berliner Straße, *dort rechts. Am* Stadtmuseum *vorbei und dann links in die* Münchner Straße. *Da sehen Sie dann links den* Baalweg, *und da an der Ecke liegt auch die* „Bücherecke".
   c) *Hier die* Hauptstraße *entlang bis zum* St.-Anna-Platz. *Dort bei der* Telefonzelle *rechts in die* Brechtstraße. *Gehen Sie die* Brechtstraße *entlang bis zur* Münchner Straße. *Dort sehen Sie dann die* Videothek. *Sie liegt direkt neben dem* Hotel Rose.
   d) bis **g)**: *Individuelle Lösungen.*

9. a) *zum* · zum · am/beim · am · zur · an/bei der · zur · neben dem
   b) zur · über die · an der · an der · zur · Dort bei der Diskothek gehen Sie links in die Obernstraße bis zum Supermarkt. Die Stadtbücherei ist beim Supermarkt, in der Kantstraße.
   c) Gehen Sie hier die Bahnhofstraße geradeaus bis zur Tourist-Information. Dort rechts in die Hauptstraße bis zur Schillerstraße. Da wieder rechts in die Schillerstraße und zum Marktplatz. Das Hotel Lamm liegt hinter dem Stadttheater, in der Kantstraße.

10. *Pünktlich um 14 Uhr hat Frau Kasulke uns begrüßt. Zuerst hat sie uns etwas* über das alte Berlin erzählt. Danach sind wir zum Platz der Republik gefahren. Da kann man das Reichstagsgebäude sehen. Es ist über 200 Jahre alt, aber die Glaskuppel ist neu.
Dann sind wir zum Brandenburger Tor gefahren. Dort beginnt die Straße „Unter den Linden". Wir haben die Staatsoper und die Humboldt-Universität gesehen. Dann sind wir zum Alexanderplatz gekommen. Dort haben wir eine Pause gemacht.
Nach einer Stunde sind wir weitergefahren. Dann haben wir endlich die Berliner Mauer gesehen. Bis 1989 hat sie Berlin in zwei Teile geteilt. Sie war 46 km lang.
Dann sind wir zum Potsdamer Platz gefahren. Dort sind alle Gebäude neu. Da war die Stadtrundfahrt leider schon zu Ende.

11. a) vor dem Radio   **b)** zwischen den Büchern / im Regal   **c)** auf dem Schrank   **d)** hinter dem Schrank   **e)** neben dem Topf / auf dem Herd   **f)** unter der Zeitung   **g)** hinter der Vase   **h)** auf dem Bett / im Bett   **i)** auf der Nase

12. a) *Familie Meier*   **b)** Kasper (der Hund)   **c)** Familie Reiter   **d)** Familie Hansen   **e)** Emmily (die Katze)   **f)** Familie Berger   **g)** Familie Müller   **h)** Familie Schmidt   **i)** Familie Schulz

13. *Auf der Couch ist ein Teller. Vor der Tür liegen Kassetten.* Neben der Toilette ist eine Milchflasche. Unter dem Tisch liegt ein Kugelschreiber. Auf dem Stuhl liegt ein Brot. Auf der Vase liegt ein Buch. Auf dem Schrank liegt (ein) Käse. Im Waschbecken liegen Schallplatten. Im (Auf dem) Bett liegt ein Aschenbecher. In der Dusche sind Weingläser. Unter dem Bett liegt ein Feuerzeug. Vor dem Kühlschrank liegt eine Kamera. Unter dem Stuhl sind Zigaretten. Hinter dem Schrank ist ein Bild. Auf dem Regal steht eine Flasche. Neben dem Bett ist eine Dusche. Neben der Couch ist eine Toilette. Vor dem Bett steht ein Kühlschrank.

14. b) den Sessel · neben die Couch   **c)** den Tisch · vor die Couch   **d)** die Lampe · hinter den Sessel   **e)** das Bett · neben den Schrank   **f)** die Blume · zwischen den Sessel und die Couch   **g)** den Kühlschrank · neben das Waschbecken

15. *Dativ:* dem · (dem) im · der · den
   Akkusativ: den · (das) ins · die · die

16. a) in   **b)** auf   **c)** nach   **d)** Mit   **e)** in   **f)** in   **g)** aus   **h)** auf   **i)** Aus   **j)** zum   **k)** zu   **l)** in   **m)** mit   **n)** in   **o)** auf   **p)** nach   **q)** nach   **r)** zum   **s)** zur   **t)** an

17. a) Menschen **b)** Autobahn **c)** Haushalt **d)** Bahn **e)** Museen **f)** Verbindung **g)** Nummer **h)** Aufzug
i) Wiesen

18. a) *vom* **b)** am **c)** *im* **d)** in der **e)** am **f)** auf der **g)** nach **h)** auf der **i)** ins **j)** neben der **k)** nach
l) vor dem **m)** auf dem **n)** hinter dem **o)** in der **p)** in den **q)** unter dem **r)** in der **s)** von zu **t)** zwischen
der · dem

19.

Vorfeld	Verb₁	Subj.	Ergänzung	Angabe	Ergänzung	Verb₂
a) Berlin	*liegt*				*an der Spree.*	
b) Wie	kommt	man		schnell	nach Berlin?	
c) Nach Berlin	kann	man		auch mit dem Zug		fahren.
d) Wir	treffen		uns	um zehn	an der Staatsoper.	
e) Der Fernsehturm	steht				am Alexanderplatz.	
f) Er	hat		das Bett	wirklich	in den Flur	gestellt.
g) Du	kannst		den Mantel	ruhig	auf den Stuhl	legen.
h) Zum Schluss	hat	er	die Sätze		an die Wand	geschrieben.
i) Der Bär	sitzt				unter dem Fernsehturm.	

20. a) Bahnfahrt, Eisenbahn, Intercity, Bahnhof, umsteigen, Zugverbindungen
b) Autobahn, Autofahrt, Parkplatz, Raststätte
c) Flughafen, Maschine

21. A. (a) in **(b)** in **(c)** nach **(d)** Ins **(e)** in der **(f)** in den **(g)** im **(h)** im **(i)** auf der **(j)** ins **(k)** ins **(l)** in
(m) In **(n)** in **(o)** im **(p)** nach **(q)** an den **(r)** im **(s)** in der / an der **(t)** im **(u)** nach

B. Individuelle Lösung

Lektion 9

1. a) ~~Mikrowelle~~ – *Musik* **b)** Waschbecken – Haushaltsgeräte **c)** Halskette – Reise **d)** Geschirr spülen – Sport /
Freizeit **e)** Pause – Gesundheit **f)** Messer – Schmuck **g)** Elektroherd – Möbel **h)** Typisch – Sprachen
i) Reiseleiter – Bücher **j)** Hähnchen – Tiere **k)** aufpassen – Haushalt

2. a) Pflanze **b)** Schlafsack **c)** Kette **d)** Wörterbuch **e)** Feuerzeug **f)** Fernsehfilm **g)** Geschirrspüler
h) Blumen **i)** Reiseführer

3. b) Er hat ihr das Auto geliehen. **c)** Er hat ihnen ein Haus gebaut. **d)** Er hat ihnen Geschichten erzählt.
e) Er hat mir ein Fahrrad gekauft. **f)** Er hat dir Briefe geschrieben. **g)** Er hat uns Pakete geschickt. **h)** Er hat
Ihnen den Weg gezeigt.

4. b) *Der* Lehrer / Er — *erklärt* — Yvonne / *der Schülerin* / ihr — *den Dativ.*
c) Der Vater / Er — *will* — Elmar / dem Jungen / ihm — *helfen.*
d) Jochen / Er — *schenkt* — Lisa / der Freundin / ihr — *eine Halskette.*
e) Die Mutter / Sie — *kauft* — Astrid / dem Kind / ihm / ihr — *ein Fahrrad.*

5. **a)** … *Ihr kann man ein Feuerzeug* schenken, *denn* sie raucht.
   Ihr kann man eine Reisetasche schenken, denn sie reist gern.
   b) *Ihm kann man* einen Fußball schenken, denn er spielt Fußball.
   Ihm kann man ein Kochbuch schenken, denn er kocht gern.
   Ihm kann man eine Kamera schenken, denn er ist Hobbyfotograf.
   c) *Ihr kann man* Briefpapier schenken, denn sie schreibt gern Briefe.
   Ihr kann man ein Wörterbuch schenken, denn sie lernt Spanisch.
   Ihr kann man eine Skibrille schenken, denn sie fährt gern Ski.

6. **b)** *wann?* morgen   *was? Dienstjubiläum   bei wem?* bei Ewald
   1 Zigaretten · *raucht gern – das ist* zu unpersönlich
   2 *Kochbuch* · kocht gern – *hat schon* so viele
   3 Kaffeemaschine · *seine* ist kaputt – *Idee ist* gut

   Morgen feiert Ewald sein Dienstjubiläum. Die Gäste möchten ein Geschenk mitbringen. *Der Mann will* ihm
   Zigaretten schenken, denn Ewald raucht gern. Aber das ist zu unpersönlich. Ein Kochbuch können die Gäste auch
   nicht mitbringen, denn Ewald hat schon so viele. Aber seine Kaffeemaschine ist kaputt. Deshalb schenken die
   Gäste ihm eine Kaffeemaschine.

7. **Bild 2**: ich   **Bild 3**: ich   **Bild 4:** ihr · sie · ich   **Bild 6:** Sie · ihn/den   **Bild 7:** Ich   **Bild 8:** Ich · du · ihn

8. Individuelle Lösung.

9. **a)** *Bettina hat* ihre Prüfung bestanden. Das möchte sie mit Sonja, Dirk und ihren anderen Freunden feiern. Die
   Party ist am Samstag, 4. 5., um 20 Uhr. Sonja und Dirk sollen ihr bis Donnerstag antworten oder sie anrufen.

   b) *Herr und Frau Halster* sind 20 Jahre verheiratet. Das möchten sie mit Herrn und Frau Gohlke und ihren
   anderen Bekannten und Freunden feiern. Die Feier ist am Montag, 16. 6., um 19 Uhr. Herr und Frau Gohlke
   sollen ihnen bis Mittwoch antworten oder sie anrufen.

10.

Nom	Dat.	Akk.	Nom.	Dat.	Akk.
ich	mir	mich	wir	uns	uns
du	dir	dich	ihr	euch	euch
Sie	Ihnen	Sie	Sie	Ihnen	Sie
er	ihm	ihn			
es	ihm	es	sie	ihnen	sie
sie	ihr	sie			

11. **a)** zufrieden   **b)** gesund   **c)** breit   **d)** niedrig   **e)** langsam   **f)** kalt

12. **a)** groß   **b)** nett   **c)** schnell   **d)** klein   **e)** dick   **f)** hoch

13.

klein	kleiner	am kleinsten	lang	länger	am längsten
billig	billiger	am billigsten	groß	größer	am größten
schnell	schneller	am schnellsten	schmal	schmaler	am schmalsten
neu	neuer	am neuesten	gut	besser	am besten
laut	lauter	am lautesten	gern	lieber	am liebsten
leicht	leichter	am leichtesten	viel	mehr	am meisten

14. **a)** kleiner   **b)** schmaler   **c)** breiter   **d)** höher   **e)** niedriger   **f)** länger   **g)** kürzer   **h)** leichter   **i)** schwerer
    j) schöner   **k)** kaputt

15. **b)** Der Münchner Olympiaturm ist höher als der Big Ben in London. Am höchsten ist der Eiffelturm in Paris.
    c) Die Universität Straßburg ist älter als die Humboldt-Universität in Berlin. Am ältesten ist die Karls-Universität in
    Prag.   **d)** Dresden ist größer als Münster. Am größten ist Berlin.   **e)** Die Elbe ist länger als die Weser. Am längsten
    ist der Rhein.   **f)** Boris spielt lieber Golf als Fußball. Am liebsten spielt er Tennis.   **g)** Monique spricht besser
    Deutsch als George. Am besten spricht Natalie.   **h)** Linda schwimmt schneller als Paula. Am schnellsten
    schwimmt Yasmin.   **i)** Thomas wohnt schöner als Bernd. Am schönsten wohnt Jochen.

16. **b)** ● *Nimm doch* den Tisch da!
    ■ *Der gefällt* mir ganz gut, aber ich finde ihn zu niedrig.
    ● Dann nimm doch den da links, der ist höher.
  c) ● Nimm doch den Teppich da!
    ■ Der gefällt mir ganz gut, aber ich finde ihn zu breit.
    ● Dann nimm doch den da links, der ist schmaler.
  d) ● Nimm doch das Regal da!
    ■ Das gefällt mir ganz gut, aber ich finde es zu groß.
    ● Dann nimm doch das da links, das ist kleiner.
  e) ● Nimm doch die Uhr da!
    ■ Die gefällt mir ganz gut, aber ich finde sie zu teuer.
    ● Dann nimm doch die da links, die ist billiger.
  f) ● Nimm doch die Sessel da!
    ■ Die gefallen mir ganz gut, aber ich finde sie zu unbequem.
    ● Dann nimm doch die da links, die sind bequemer.
  g) ● Nimm doch die Teller da!
    ■ Die gefallen mir ganz gut, aber ich finde sie zu klein.
    ● Dann nimm doch die da links, die sind größer.

17. (a) *Ihnen*   (b) mir   (c) welche / eine   (d) eine   (e) Die   (f) Ihnen   (g) Sie / Die   (h) die / sie   (i) sie / die
   (j) mir   (k) die   (l) Ihnen die / sie Ihnen   (m) die / sie   (n) mir   (o) eine   (p) Die   (q) Die   (r) sie / die

18. **a)** C   **b)** B   **c)** A   **d)** A

19. **A.** Musik hören: a), b), c), e), g), h), i)
    Musik aufnehmen: b), h)
    Nachrichten hören: a), c), h)
    Nachrichten hören und sehen: e), h)
    die Kinder filmen: f), h)
    Musikdateien abspielen: b), h)
    Filme aufnehmen: f), h)
    fotografieren: d)
    Filme ansehen: e), h)
    Interviews aufnehmen: f), h)
    CDs abspielen: b), c), i)
    fernsehen: e), h)

   B. a) *Mit einem Radio kann man Musik und* Nachrichten hören.
     b) Mit einem Computer kann man Musik hören und aufnehmen und Musikdateien und CDs abspielen.
     c) Mit einem CD-Player kann man Musik hören und CDs abspielen.
     d) Mit einer Kamera kann man fotografieren.
     e) Mit einem Fernsehgerät kann man Musik hören, Nachrichten hören und sehen, Filme ansehen und fernsehen.
     f) Mit einer Videokamera kann man die Kinder filmen und Filme und Interviews aufnehmen.
     g) Mit einem DVD-Player kann man Filme ansehen und CDs abspielen.
     h) Mit dem Video Phone kann man Nachrichten hören und sehen, die Kinder filmen, Filme aufnehmen und
       Filme ansehen.
     i) Mit einem Discman kann man Musik hören (Musikdateien abspielen) und CDs abspielen.

20. **b)** Den Discman hat er ihr auf der Messe erklärt.
   c) Dort hat er ihr den Discman erklärt.
   d) Er hat ihr früher oft geholfen.
   e) Seine Tante hat ihm deshalb später das Bauernhaus vererbt.
   f) Das Bauernhaus hat sie ihm deshalb vererbt.
   g) Die Großstadt hat ihm zuerst ein bisschen gefehlt.
   h) Später hat sie ihm nicht mehr gefehlt.

Vorfeld	Verb$_1$	Subj.	Erg.	Angabe	Ergänzung	Verb$_2$
a) *Der Verkäufer*	*hat*		*ihr*	*auf der Messe*	*den Discman*	*erklärt.*
b) Den Discman	hat	er	ihr	auf der Messe		erklärt.
c) Dort	hat	er	ihr		den Discman	erklärt.
d) Er	hat		ihr	früher oft		geholfen.
e) Seine Tante	hat		ihm	deshalb später	das Bauernhaus	vererbt.
f) Das Bauernhaus	hat	sie	ihm	deshalb		vererbt.
g) Die Großstadt	hat		ihm	zuerst ein bisschen		gefehlt.
h) Später	hat	sie	ihm	nicht mehr		gefehlt.

Lektion 10

1. **a)** B **b)** B **c)** A **d)** C **e)** C **f)** A (B)

2. **a)** *Arzt*, Friseur, Bäcker, Schauspieler, Verkäufer, Lehrer, (Hausfrau), (Minister), (Politiker), Schriftsteller, Polizist, Maler
   b) *Student*, Passagier, Person, Deutscher, Bruder, Mann, Eltern, Schweizer, Beamter, Doktor, Tante, Herr, Kollege, Schüler, Österreicher, Freund, Chef, Tourist, Junge, Nachbar, Sohn, Ausländer, Tochter

3. **a)** erste **b)** zweite **c)** dritte **d)** vierte **e)** fünfte **f)** sechste **g)** siebte **h)** achte **i)** neunte **j)** zehnte
   k) elfte **l)** zwölfte **m)** dreizehnte **n)** vierzehnte

4. **a)** einen Brief, ein Lied, ein Buch, eine Insel, ein Land, ein Bild **b)** einen Brief, ein Lied, ein Buch **c)** ein Lied
   d) eine Maschine, ein Gerät **e)** ein Bild **f)** Fußball, ein Lied, Tennis

5. **b)** von neunzehnhundertelf bis neunzehnhunderteinundneunzig
   c) von achtzehnhundertneunundsiebzig bis neunzehnhundertfünfundfünfzig
   d) von achtzehnhundertfünfzehn bis neunzehnhundertfünf
   e) von siebzehnhundertsiebenundneunzig bis achtzehnhundertsechsundfünfzig
   f) von siebzehnhundertneunundfünfzig bis achtzehnhundertfünf
   g) von sechzehnhundertfünfundachtzig bis siebzehnhundertfünfzig
   h) von vierzehnhundertdreiundachtzig bis fünfzehnhundertsechsundvierzig
   i) von zwölfhundertsechzig bis dreizehnhundertachtundzwanzig
   j) von elfhundertfünfundzwanzig bis elfhundertneunzig
   k) von siebenhundertzweiundvierzig bis achthundertvierzehn

6. Individuelle Lösung

7. **(a)** am **(b)** Bis **(c)** Von · bis **(d)** Nach dem **(e)** im **(f)** von · bis **(g)** In den / In diesen **(h)** Im **(i)** bis
   (j) nach der / nach dieser **(k)** seit **(l)** In der / In dieser / In seiner **(m)** seit der / seit seiner **(n)** bis **(o)** nach
   (p) In den **(q)** vor seinem **(r)** im

8. **b)** Sie ist Japanerin. Sie kommt aus Japan. Sie spricht Japanisch.
   c) Er ist Amerikaner. Er kommt aus USA (aus den USA, aus Amerika). Er spricht Englisch.
   d) Er ist Grieche. Er kommt aus Griechenland. Er spricht Griechisch.

9. **a)** Brasilien, *Brasilianerin*, Portugiesisch **b)** *Frankreich*, Französin, Französisch **c)** Indien, Inderin, *Hindi*
   d) *Japan*, Japaner, Japanisch **e)** Schweden, Schwede, *Schwedisch* **f)** Polen, *Pole*, Polnisch **g)** Neuseeland,
   Neuseeländer, *Englisch* **h)** *Deutschland*, Deutsche, Deutsch

10. **a)** und · aber **b)** aber **c)** Deshalb **d)** Trotzdem · aber **e)** Dann **f)** Deshalb · Dann **g)** oder **h)** sonst

11. **b)** der Lieder **c)** des Jahrhunderts **d)** der Stadt **e)** des Stadtparlaments **f)** des Orchesters **g)** des Landes
    h) der Firmen **i)** des Turms / des Turmes **j)** der Geschäfte

12. **b)** *von* seinem Vater   **c)** von unserer Schule   **d)** von ihrem Chef   **e)** von deinem Kollegen   **f)** von der Reinigung **g)** vom Rathaus   **h)** von unseren Nachbarn   **i)** *der Bibliothek*   **j)** meines Vermieters   **k)** des Gasthauses Schmidt   **l)** eines Restaurants   **m)** des Cafés Fischer   **n)** unseres Arztes   **o)** eurer Nachbarn   **p)** des Nationalmuseums   **q)** *Barbaras Telefonnummer*   **r)** Werners Telefonnummer   **s)** Hannes Telefonnummer **t)** Jürgens Telefonnummer   **u)** Ulrikes Telefonnummer

13. richtig: 3, 4, 6, 8

14. **a)** gehören   **b)** raten   **c)** gestorben sein   **d)** wählen   **e)** besichtigen   **f)** bestehen   **g)** geboren sein

15. **a)** mit einem Freund   **b)** dem Freund ein Buch   **c)** bei einem Freund   **d)** zu einem Freund   **e)** einem Freund **f)** für einen Freund   **g)** einen Freund   **h)** ein Freund

16. **A.** ja: c), f), h), j)
    B. ja: b), e), g), i)

17. (a) Bodensee · Länder / Staaten.   (b) Österreich und die   (c) Grenzen · Ländern / Staaten   (d) ohne · von · in · fahren / gehen / reisen   (e) des · die   (f) Ufers · zu   (g) Schweiz · Kilometer lang · länger   (h) Von · bis · Schiffe · Fähren   (i) Flüsse · Bäche   (j) Er / Der See · lang · breit   (k) Touristen an · machen   (l) um · wandern / spazieren

18. **a)** nach   **b)** Im   **c)** an der · auf den   **d)** auf den · auf den / über den   **e)** um den   **f)** durch den (in den)   **g)** über die · auf die   **h)** durch den · in die   **i)** in der   **j)** Auf den (Auf die)   **k)** in die · in den (auf den)

19. **a)** Buch   **b)** Ausland   **c)** Meer   **d)** Schiff   **e)** Tasse   **f)** rund   **g)** Denkmal   **h)** Bad   **i)** Fahrrad   **j)** Natur **k)** Hafen   **l)** Parlament   **m)** Wiesen   **n)** Museum   **o)** mit dem Fuß

20. **a)** Meistens   **b)** Natürlich   **c)** ganz   **d)** fast   **e)** Vor allem   **f)** Vielleicht   **g)** selten   **h)** etwas   **i)** oft **j)** plötzlich   **k)** manchmal

21. **a)** A   **b)** B   **c)** C   **d)** B   **e)** B   **f)** C   **g)** A   **h)** B   **i)** B   **j)** C   **k)** B

22. *Lieber Johannes,*

    seit einer Woche bin ich nun schon mit meinem
    Zelt am Bodensee. Ich finde es hier fantastisch.
    Den ganzen Tag haben wir Sonne, und ich kann
    stundenlang wandern. Die Berge sind herrlich.
    Nur du fehlst mir, sonst ist alles prima. Bis nächste
    Woche!
    Ganz herzliche Grüße
    Katrin

Lektion 1

3.5. Woher kommen sie? Wohin möchten Sie? Wo wohnen Sie? Woher sind Sie? Wo arbeitet er? Wohin möchtest du?

Lektion 2

1.1. a) This is not a television set. It is a washing machine. **b)** Is this the stove made by BADENIA? **c)** Frau Pristl has children. **d)** A lamp costs 21 euro. **e)** Herr Rhodes verkauft Autos. **f)** Das ist eine Spülmaschine aus Deutschland. **g)** Der Stuhl ist sehr bequem. **h)** Das ist kein Radio. Es ist ein Telefon.

2.1. a) Ich wohne nicht in Manchester. **b)** Das ist keine Waschmaschine. **c)** Das ist nicht meine Kamera. **d)** Die Maschine funktioniert nicht. **e)** Keine Maschine funktioniert. **f)** Der Fernsehapparat ist nicht neu. **g)** Ich habe keine Kinder.

6.1. a) sondern **b)** aber **c)** aber **d)** sondern **e)** aber

Lektion 3

1.1. a) Die **b)** dein **c)** dein **d)** einen **e)** Der **f)** kein **g)** ein **h)** das **i)** deinen **j)** Dein **k)** einen

5.4. a) Hör bitte noch den Dialog, Antonia! **b)** Üben Sie bitte die Grammatik, Herr Sanchez! **c)** Ergänzen Sie doch noch das Wort, Frau Otani! **d)** Lesen Sie bitte die Anzeige, Herr Abel und Herr Koch! **e)** Schreib doch noch einen Dialog, Pavlo! **f)** Nimm den Kugelschreiber, Katja! **g)** Sprich bitte lauter, Maria!

6.2. a) Doch **b)** Nein **c)** Nein **d)** Ja **e)** Doch

Lektion 4

1.1. a) Manuela muss um 7.00 Uhr aufstehen. **b)** Ilona geht spazieren. Sie muss nicht arbeiten. **c)** Monika ist müde. Du darfst sie nicht stören. **d)** Papi, darf ich schwimmen gehen? **e)** Willi muss auch abends arbeiten. **f)** Sie dürfen hier nicht rauchen.

6.1. ● Wie heißen Sie? ■ Evans.
● Wie ist denn Ihr Vorname? ■ Gary.
● Sie sind also Gary Evans:

● Was machen Sie denn da? ■ Ich rauche.
● Das ist aber verboten. Sie sehen doch das Schild. ■ Gut, dann höre ich eben auf.

Lektion 5

3.1. a) 1 **b)** 2 **c)** 1 **d)** 1 **e)** 1 **f)** 2

Lektion 6

1.1. ● unsere ■ Euer ● unser ■ Euer ● unser ■ Euer ● unser ■ Euer

2.4. a) hat **b)** ist **c)** ist **d)** Hast **e)** habe **f)** bist **g)** ist **h)** haben **i)** ist **j)** hast

2.5.

preverbal position	verb 1	subject	qualifiers	complement	verb 2
Thomas	hat			das Essen	bezahlt.
Wie	ist		denn	das	passiert?
Wann	ist	sie			gegangen?
	Hast	du		mit Karin	getanzt?
Gestern	habe	ich		mit Claudia	telefoniert.

Lektion 7

4.3. a) 1   **b)** 2   **c)** 2   **d)** 1   **e)** 1   **f)** 2   **g)** 1   **h)** 1   **i)** 2   **j)** 1

4.4. a) Wo   **b)** Wohin   **c)** Wohin   **d)** Wo   **e)** Wohin   **f)** Wo

4.5. nach, ins, zum, in, die, zu, nach, nach

7.1. a) 1. Er muss Jens um 7.40 Uhr in den Kindergarten bringen.
　　　2. In den Kindergarten muss er Jens um 7.40 Uhr bringen.
　　　3. Jens muss er um 7.40 Uhr in den Kindergarten bringen.
　b) 1. Zwei Wochen muss sie im Krankenhaus bleiben.
　　　2. Im Krankenhaus muss sie zwei Wochen bleiben.

7.2. a) Kannst du sie bitte füttern?   **b)** Ich habe es gestern geputzt.   **c)** Du musst ihn unbedingt aufräumen.
　d) Hast du sie auch im Wohnzimmer angestellt?   **e)** Bitte wasch sie morgen.

Lektion 8

3.3. a) bei   **b)** zum   **c)** zur   **d)** nach   **e)** bei   **f)** nach   **g)** zum   **h)** zu   **i)** nach

3.4. a) aus   **b)** Seit   **c)** Nach   **d)** mit   **e)** bei   **f)** aus dem

Lektion 9

1.3. a) meinen   **b)** deiner   **c)** die   **d)** meine   **e)** seinem   **f)** meinen   **g)** meiner   **h)** deinen   **i)** meinem   **j)** ihre
　k) das   **l)** Meiner

2.1. a) dich   **b)** sie   **c)** mich   **d)** ihn   **e)** sie   **f)** uns   **g)** euch   **h)** Sie/sie

2.2. a) ihnen   **b)** sie   **c)** er/uns   **d)** euch   **e)** Sie/uns   **f)** ihn   **g)** dich   **h)** Sie/sie   **i)** dir

3.1. a) ... Kannst du mir eins kaufen?   **b)** Geben Sie mir bitte Ihren Pass.   **c)** Frag doch den Kellner, er kann dir
　bestimmt das Geld wechseln.   **d)** ... Was schenken wir ihr?   **e)** ... Kauf ihm zum Geburtstag eine Kamera.
　f) Dieses Restaurant kann ich euch empfehlen.   **g)** Gestern Abend hat Rüdiger seinen Freunden Bilder von seinem
　Bauernhaus gezeigt.

3.2. 1. Gestern hat er mir die Geschichte erzählt.
　　　2. Die Geschichte hat er mir gestern erzählt.
　　　3. Mir hat er die Geschichte gestern erzählt.

3.4. a) Erst waren wir in Hamburg. Dann sind wir nach Bremen gefahren.
　b) Das VIDEO Phone ist praktisch. Aber es ist auch sehr teuer.
　c) Ich kann nicht ins Büro kommen, denn ich bin krank.
　d) Ich habe Fieber. Deshalb gehe ich zum Arzt.
　e) Ich war auf der Bank. Da habe ich Susan getroffen.
　f) Am Samstag? Ich bin nicht ins Theater gegangen, sondern ich habe ferngesehen.
　g) Das Auto ist sehr teuer. Trotzdem kaufe ich es.

Lektion 10

1.3. a) fünfter siebter   **b)** dreiundzwanzigster vierter   **c)** erster zehnter   **d)** dreizehnter elfter   **e)** siebter zweiter
　f) siebenundzwanzigster dritter   **g)** dritter achter   **h)** sechzehnter sechster

1.4. a) vor dem Krieg   **b)** im Dezember   **c)** bis zum Abend   **d)** vom 15. bis 22. August   **e)** in zwei Jahren
　f) am Donnerstag   **g)** nach der Party   **h)** nach sieben Monaten   **i)** um Viertel vor neun   **j)** vor drei Tagen
　k) drei Jahre lang   **l)** am Nachmittag

2.3. a) die Hauptstadt des Landes   **b)** der Brief seines Freundes   **c)** Katjas Telefonnummer   **d)** die Städte
　Deutschlands   **e)** die Häuser der Insel   **f)** der Ring meiner Frau   **g)** die Tür des Autos

5.1. a) welchem   **b)** Welchen   **c)** Welchen   **d)** welches   **e)** welchem   **f)** Welcher

TRANSLATIONS OF THE EXERCISE HEADINGS

Chapter 1:

1. Please complete.
2. What goes together?
3. Please complete.
4. Your grammar. Please complete.
5. What goes together?
6. Please write dialogues.
7. Please complete.
8. „Du" or „Sie"? Please formulate the questions.
9. What is this?
10. „Wer", „wie" or „wo"? Please complete.
11. „How much?" Please write.
12. Please read the number plates.
13. Who has the telephone number…?
14. Please make sentences.
15. Make up a telephone conversation from the phrases given below.
16. Who is this? Please write.
17. Please write dialogues.
18. Please complete.
19. Please complete.
20. Your grammar. Please complete.
21. Please complete.
22. Which is the correct response?
23. Please read pp. 14/15 in the Kursbuch.
    a) Please complete.
    b) Please write.
24. Please read the texts on pp. 15/16 in the Kursbuch. Then write.
25. „Erst" or „schon"?
26. Please ask.
27. Supply the appropriate question.
28. Please write a dialogue.
29. „Noch" or „schon"?
30. Please complete.
31. Your grammar. Please complete.
32. „Danke" or „bitte"?
33. Which is the correct response?
34. Make up a dialogue from the phrases given below.

Chapter 2

1. Word search
2. „Der", „die" or „das"?
3. Picture dictionary. Please complete.
4. „Er", „sie", „es" or „sie" (plural)? Please complete.
5. „Der" or „ein", „die" or „eine", „das" or „ein", „die" (plural) or „–"?
6. Please describe.
7. Which is the odd one out?
8. What is it?
9. „Wer" or „was"? Please ask.
10. What is not there?
11. Match the following nouns with the articles of the correct genders.
12. Please supply the genders and the plurals.
13. Fill in the numbers.
14. Write in the numbers and read them out loud.
15. „Ihr"/„Ihre" or „dein"/„deine"? Please complete.
16. Please complete.
17. „Er", „sie", „es" or „sie" (plural)? Please complete.
18. Which is the odd one out?
19. Please supply an appropriate answer.

Chapter 3

1. A word game with nouns. Please write as shown in the example.
2. What are these people eating? Please write out sentences.
3. Please write what these people like and don't like.
4. Three answers are correct. Which ones?
5. Put the adverbs in the correct order.
6. Who would like what? Please complete.
7. Which is the odd one out?
8. Order the following words under the correct headings.
9. What goes together?
10. What is wrong here? Please write the correct words.
11. Who says the following? The waiter, the customer or the text?
12. Make up two dialogues from the phrases given below.
13. Please write out in full.
14. „nicht", „kein" oder „ein"? Please complete.
15. What else can you say?
16. Your grammar. Please complete the table below.
17. Please complete.
18. Can you match the following phrases?
19. Make up two dialogues from the phrases given below.
20. Please complete.
21. Which is the correct answer?
22. What goes together?
23. Please write out in full.
24. Write the following sentences in the table below.
25. Hidden below are 38 words from chapter 3. How many can you find in ten minutes?

Chapter 4

1. Which word fits?
2. What are these people doing?
3. Can you match the sentences given below with the pictures a)–i)?
4. Which is the odd one out?
5. Complete the sentences with the correct verb form.
6. Your grammar. Please complete.
7. Complete the sentences with the correct verb.
8. „Müssen", „dürfen", „können", „möchten". Please complete.
9. Your grammar. Please complete.
10. Can you match the following phrases?
11. Which words fit the verb?
12. Write out in full sentences as shown in the example.
13. „Schon", „noch" or „erst"? Please complete.
14. Which is the odd one out?
15. „Wann?" „Wie lange?" – When? For how long?
16. When do these trains leave?
17. Write conversations as shown in the examples below.
18. Put the following phrases under the correct heading.

19. „Wann?", „wie lange?", „wie spät?", „wie oft?", „wie viel?"/„wie viele?". Please ask.
20. Make up a conversation from the phrases given below.
21. Complete the following sentences.
22. „Da" has two meanings. Which meaning does it have in sentences a–f?
23. „Können" or „müssen". Which one is correct?
24. Which is the odd one out?
25. Complete the sentences: „können" (1), „können" (2) or „dürfen"?
26. What's not quite right here? Compare text and pictures.
    A. Please write out.
    B. Now write the letter as it should be.

Chapter 5

1. Please complete.
2. Please write sentences as shown in the example.
3. Which is the odd one out?
4. Please write dialogues as shown in the example.
5. „Welch-", plural (A) or singular (B)? Write dialogues as shown in the examples.
6. Please supply the appropriate indefinite article and indefinite pronoun.
7. Your grammar. Please complete.
8. Please write dialogues as shown in the example.
9. Please supply the correct definite pronoun.
10. Your grammar. Please complete.
11. Make up a conversation from the phrases given below.
12. Compose a similar letter with the vocabulary provided.
13. What goes together?
14. Which is the correct verb?
15. What goes together? Please make sentences.
16. Which is the correct word?
17. Your grammar. Please complete.
18. Which is the correct option?
19. Please read the text on page 63 in the Kursbuch.
    A. Please complete the text.
    B. Write a similar text.
20. What is number...?
21. „Haben" or „machen"? Which is correct?
22. Find or build the appropriate word.
23. „In", „an", „auf" + dative. Please supply the appropriate preposition and article.
24. Which is the correct option?
25. „Können", „möchten", „müssen". Please supply the correct modal verb.
26. What goes together? Please read the text on page 66 in the Kursbuch.
27. Match the words in the box with the descriptions given.
28. Please write a letter.
    A. Hanne is on holiday on the Isle of Rügen. She is not happy. She writes a card to Margaret. Read the card. What does Hanne not like? Please make notes.
    B. Rewrite the letter from a positive point of view.

Chapter 6

1. What is the odd one out?
2. Supply the appropriate possessive article and noun.
3. Supply the definite article and add the plural.
4. Which is the correct verb?
5. What does Herr Kleimeyer have to do? What is he not allowed to do? Please write.
6. „Können", „müssen", „dürfen", „sollen", „wollen", „möchten"?
7. „Müssen" or „sollen"? „Nicht dürfen" or „nicht sollen"?
8. Please form the imperative.
9. What is the opposite?
10. Ilona Zöllner has spent her holidays on the ship „MS Astor". Describe what she did every day.
11. Your grammar. Please complete.
12. Please complete the table. You will find examples in exercise 11.
13. Which of the past participles is the odd one out?
14. Which is the correct word?
15. Please form the imperative.
16. Your grammar. Please complete the table with the imperative.
17. Your grammar. Please complete.
18. Please write a letter.
    You have had a skiing accident. Write about this to a friend.

Chapter 7

1. Which is the correct verb?
2. What did the family do on Sunday? Please write.
3. Your grammar. Please complete. Refer to § 29 in the grammar section of the Kursbuch.
4. The private detective Holler has been watching Mr Arendt and has made some notes.
    a) Please complete his notes.
    b) What has Mr Arendt done? Please write out sentences in full.
5. Your grammar. Please complete. Refer to § 30 in the grammar section of the Kursbuch.
6. Please complete the sentences with the simple past tense of „sein" and „haben".
7. Your grammar. Please complete.
8. Which is the odd one out?
9. Please complete the sentences with the past participle of the appropriate verb.
10. Please write sentences as shown in the examples.
11. Where is ...? Please write.
12. „In" + accusative or „in" + dative? Please complete.
13. Which word fits?
14. Complete the sentences with the appropriate personal pronoun.
15. What should Mr Winter do? What does his wife say? Please write.
16. Complete the sentences using the perfect tense of the verbs in the box.
17. What goes together?
18. Put into the right order.

19. „Schon", „noch", „noch nicht", „nicht mehr", „erst"? Which is correct?
20. Which goes where?
    a) What do you write?
    b) What do you say?

Chapter 8

1. Please write sentences as shown in the example.
2. What goes together? You would like to . . . Where do you go to?
3. Please write what Paul has done today in town.
4. What does Paul tell his wife? Please write.
5. Please write short dialogues as shown in the examples.
6. Please write out sentences as shown in the examples.
7. Please complete the sentences with „in", „an", „neben" or „zwischen"; „der", „die", „das"; „ein", „eine".
   Where is what? Please describe the street plan.
8. Look at the map and then complete or write the appropriate dialogues.
9. Look at the map on page 92 and then complete the dialogues.
10. Write a text by combining the sentences on the left and the words on the right.
    A city tour through Berlin
11. Describe where the spectacles are.
12. Who lives where? Please write.
13. What's wrong here? Please write.
14. Please write: where do we put . . . ?
15. Your grammar. Please complete.
16. Please supply the appropriate prepositions.
17. Which is the odd one out?
18. Please supply the prepositions and articles.
19. Your grammar. Please complete.
20. Combine the appropriate words in the box.
21. Please write a letter.
    A. Please complete the letter.
    B. Write a letter of your own.

Chapter 9

1. Which is the odd one out? Please supply the appropriate word.
2. What is this? Please complete.
3. Everybody loves grandpa. Why? Write out sentences as shown in the example.
4. Complete the table after you have done the exercise 2, Kursbuch page 107.
5. Write out sentences as shown in the example.
6. Listening, understanding, writing.
   a) Dialogue A
      Listen to dialogue A from exercise 4, Kursbuch page 108. Then read the table and the text below.
   b) Dialogue B
      Listen to dialogue B and make notes. Now write out in full your own text using your notes.
7. It is Annabella's birthday. Goofy would like to buy her something.

Write a comic.
Please read the comic and supply the appropriate pronouns.
8. It is Hertha's birthday. Paul would like to buy her something.
   Write a comic.
9. Do exercise 5, Kursbuch page 109. Then write sentences as in the example.
10. Your grammar. Please complete.
11. Which is the odd one out?
12. Which is the odd one out?
13. Your grammar. Please complete.
14. Please complete the sentences as shown in the example.
15. Make sentences as shown in the example.
16. Make up dialogues as shown in the examples.
17. Complete the dialogue with the appropriate definite and indefinite pronouns.
18. Which is the correct answer?
19. What goes together?
    A Which equipment do you use to . . . ?
    B What can you do with . . . ? Write out sentences.
20. Your grammar. Underline as shown in the example and write the sentences into the table.

Chapter 10

1. Which is the correct word?
2. Which words describe jobs or professions and which do not?
3. Please write out the ordinal numbers in full.
4. What goes together?
5. When did . . . live? Write out the numbers please.
6. What do you know about Thomas Mann? Write his curriculum vitae please.
7. Supply the appropriate prepositions.
8. Where does he/she come from? What language does he/she speak? Please write.
9. Refer to pages 13, 16 and 17 in the Kursbuch and then complete the table below.
10. Supply the appropriate conjunction.
11. Complete the phrases with the appropriate forms of the genitive case.
12. Say it in a different way.
13. Read the Kursbuch, page 122. Is this what it says in the text?
14. Supply the correct verb.
15. What goes together? Supply the appropriate phrase.
16. Which verbs go?
17. Read the text in the Kursbuch, pages 124 to 125, and then complete the sentences below.
18. Supply the appropriate prepositions and articles.
19. Which is the odd one out?
20. Replace the words in brackets with a word from the box.
21. Tick the correct option.
22. Write out the letter again.
    a) Put the individual parts in order.
    b) Write out the letter.